背离技术实战

股海淘金客 著

中国宇航出版社
·北京·

图书在版编目（CIP）数据

背离技术实战 / 股海淘金客著. -- 北京 : 中国宇航出版社, 2019.10
ISBN 978-7-5159-1703-0

Ⅰ. ①背… Ⅱ. ①股… Ⅲ. ①股票交易－基本知识 Ⅳ. ①F830.91

中国版本图书馆CIP数据核字(2019)第217131号

策划编辑 田芳卿
责任编辑 白希国　　**装帧设计** 宇星文化

出版发行 中国宇航出版社
社　址 北京市阜成路8号　　**邮　编** 100830
(010)60286808　　(010)68768548
网　址 www.caphbook.com
经　销 新华书店
发行部 (010)60286888　　(010)68371900
(010)60286887　　(010)60286804(传真)
零售店 读者服务部
(010)68371105
承　印 三河市君旺印务有限公司
版　次 2019年10月第1版　　2019年10月第1次印刷
规　格 787×960　　**开　本** 1/16
印　张 11.75　　**字　数** 178千字
书　号 ISBN 978-7-5159-1703-0
定　价 38.00元

本书如有印装质量问题，可与发行部联系调换

前　言

在单边趋势中，如果股价处于单边上涨阶段，多数投资者获利，这是市场向好的表现，投资者盈利就会成为常态。反之，如果股价处于单边下跌阶段，并且下跌持续很长时间，指数和个股的跌幅会比较大，多数投资者都会出现不同程度的亏损。

那么，单边趋势中一定能获得稳定收益或出现显著亏损吗？

当然不是。

然而，只有少数投资者能够准确辨别牛市顶部和熊市底部，大多数投资者不能在行情转折时采取有效的行动。至少从交易机会的把握来看，能在行情逆转的那一刻采取有效行动的投资者很少。

其实，在单边趋势中获得收益是比较容易的。牛市行情中，股价涨幅总会超过跌幅，早一点买入和晚一点买入股票的投资者都有利可图。熊市行情中，股价跌幅总能达到收盘价新低，只要持股，就会遭受损失。单边趋势是牛市，盈利不成问题；单边趋势是熊市，投资者只需持币观望即可，重要的是看清单边趋势反转期间的交易方向。牛熊转换过程中，如能把握反转阶段的交易机会，对股票投资者来说是很有意义的。

鉴于此，需要寻找更好的手段来挖掘行情反转期间的交易机会。背离恰恰提供了行情反转阶段价格和指标的异动信息，据此来判断牛熊转换期间的买卖价位，通常会取得很好的投资效果。

关于背离交易策略，很多投资者都知道或者曾经使用过。如果用于实战，则需要总结一套背离战法交易系统，至少要按照背离期间一个可以循环操作的交易策略来买卖股票，以便应对不同的市场环境和个股量价形态。

在趋势转换阶段，非常实用的背离交易过程，通常是按照指标和股价背离信号来完成交易的，笔者相信，这也是多数投资者交易的依据。比如，按照 MACD 指标与股价背离来挖掘交易信息，只要 MACD 指标与股价出现任何背离形态，投资者都可以按照背离提供的交易信息来交易股票。

运用 MACD 指标确认背离交易机会，多数情况下并非完美的做法。一套精确且非常有效的背离交易系统，不应只围绕价格背离来判断交易时机。MACD 指标用来描述指数平均线的表现，实际上，指标与股价背离体现了均线和价格的背离。背离交易建立在价格基础上，并不涉及其他技术分析条件，例如成交量放大和萎缩、交易日涨跌天数、个股与指数的背离情况等。

这里介绍的背离交易系统，覆盖诸如股价与指数背离、量价背离、价格背离、交易日涨跌天数背离等信息。

用来描述指数与个股背离，可以考虑用个股与指数叠加图来判断交易机会。量价背离方面，通过分析个股的量价关系来判断交易机会。价格背离，MACD 指标与股价背离就提供了这方面的信息。交易日背离，大家熟知的 RSI 指标是关于交易日变化的指标，可以提供关于交易日涨跌天数背离的信息。

多数投资者可能熟悉其中一种或几种背离交易方法。在交易实战中，如果能合理运用背离信息综合判断交易机会，那么获取价格反转期间的交易信息，在难度上就会显著降低。

投资者需要付出很多努力才能熟练应用综合交易系统。这里提供的简单高效的背离交易系统，只要大家按照该交易系统中的指数背离、MACD 指标背离、量价背离、RSI 指标背离等提供的交易信号，就能筛选出典型的交易个股，完成具体的交易操作。

目　录

CONTENTS

第1章
背离实战交易系统

利用背离技术能够规避价格出现的无规则波动，以更精确的交易形式把握买卖点位。实战中股价的异动很多，买卖信号也会经常出现。但是，交易信息是否有效，需要经过严格筛选。背离信号就是经过筛选后的买卖信号，是投资者准确无误交易的机会。

本章介绍背离交易系统，为投资者提供一个观察认识背离交易系统的机会。一旦用背离交易系统买卖股票，投资者自然能在交易过程中获得不错的收益。

第 1 节　背离与交易机会

股价运行期间，交易信号出现的频率很高。如果按照量价、指标等提供的交易信息买卖股票，那么能获得一定的投资收益。但是价格明显折返时，交易信号更容易体现在背离中。背离形态是最直接的交易信息，也是股价明显逆转的起始形态。从背离展开的价格异动中，价格波动的空间更大，相应的买卖效果也更好。

1. 单边价格趋势与买卖时机

出现单边回升趋势后，投资者可以通过量价变化确认交易机会。量能放大期间，是持有股票盈利的好时机。量能放大至天量后，主力投资者充分拉升股价，这时容易出现典型的价格高位反转走势。量能出现短期萎缩期间，股价则会出现缩量调整走势。成交量达到短线低位后，价格回调到位，就会出现相应的抄底交易机会。

可见，利用量价变化，能轻松地确认买卖机会。单边趋势中，量价变化提供的交易信号相对准确，投资者可以借此获取一定的投资收益。

（1）形态特征

①价格放量回升：当成交量持续放大时，会看到股价的回升趋势比较明显，在上行趋势中有很多交易机会。成交量萎缩后，股价回调至重要的 60 日均线附近时，就会出现短线抄底机会。

②出现天量顶部：出现天量顶部后，筹码转移的效率达到最高，这时股价见顶回落的概率很高。如果能在出现天量顶部时卖掉股票，那么就能规避价格下跌带来的损失。

③股价进入下跌趋势：形成天量顶部反转走势后，比较典型的反转形态得到确认，股价很快会进入下跌趋势。在量能萎缩过程中，价格下跌趋势短时间内不会结束。

（2）操作要领

①从价格放量回升来看：如图 1-1 所示，股价明显处于回升趋势，价格上涨期间量能有效放大。从成交量变化和 RSI 指标来看，成交量在 S、S1、S2 位置明显萎缩，RSI 指标也分别在 R、R1、R2 位置触碰 50 线。相应地，M、M1、M2 这几个买点也出现在相对底部。

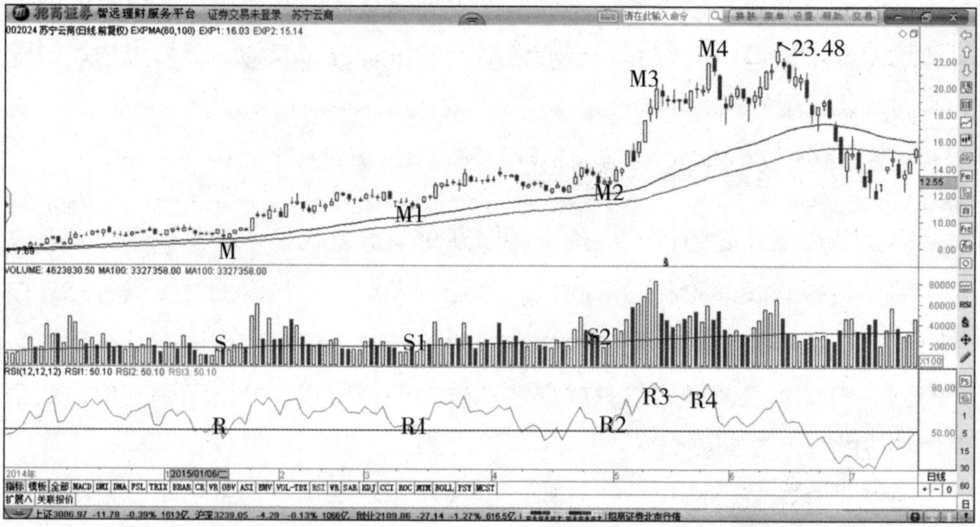

图 1-1　苏宁云商（现名苏宁易购，002024）日 K 线图

②从出现天量顶部来看：当成交量达到天量时，RSI 指标在 R3 位置达到 80 以上的超买状态，这正是比较典型的高抛卖点位置。同时，R4 位置的 RSI 指标再次超买，提示投资者 M3 和 M4 位置出现高抛交易机会。

③从股价进入下跌趋势来看：股价在 M4 位置见顶后，价格继续回升的空间非常有限。随着量能开始萎缩，该股很快进入单边下跌趋势。

④该股单边价格趋势延续期间，价格上涨并未因为 M、M1、M2 位置出现回调而结束。上升趋势是否结束，可以用 RSI 指标背离和量价背离来判断，

后期该股就是在背离期间结束了上升趋势。

（3）小结

利用成交量萎缩和放大以及 RSI 指标的相对位置，可以确认价格运行期间的交易机会。量能变化提供的短线买点相对合理，但价格高位的高抛交易机会并非是最高价位卖点。实际上，这些不足之处可以用背离信息来补充判断，背离信号提供的交易机会更接近价格反转点位，相应地，交易机会也更加合理，这有助于提高投资收益。

2. 背离期间的典型买卖点

出现典型的背离形态后，价格出现反转走势。价格反转前，出现背离的次数可以是一次或者多次，次数越多，价格反转后的波动空间越大。

行情发展并不是每次都能被准确预料，在典型的反转形态中，可以根据背离提供的交易信号把握买卖点。背离可以是量价背离、MACD 指标与股价背离以及 RSI 指标与股价背离等。

（1）形态特征

①股价在单边趋势中连创新高：股价上涨期间，如果价格回升趋势很强势，那么价格可以不断达到新高价位，这时可以根据指标背离确认价格高位卖点。

② RSI 指标背离提示卖点：RSI 指标在股价创新高期间背离回落，这是非常典型的高抛交易信号。如果背离期间价格回调空间有限，在 RSI 指标与股价两次背离后开始反转，那么反转后股价的跌幅会比较大。出现的背离次数越多，意味着价格反转后的跌幅越大。

③低位 RSI 指标提示买点：股价进入熊市下跌状态，这时股价收盘价连续出现新低。期间 RSI 指标与股价连续出现背离，意味着价格底部出现，买点机会也相应形成。投资者可以在股价多次背离的价格低点买入股票，等待股价回升获取收益。

（2）操作要领

①从股价在单边趋势中连创新高来看：如图 1-2 所示，股价在飙升期间

出现了一字涨停走势。图中 Y 位置股价加速上涨，这是股价冲击顶部的信号。一字涨停后，该股继续震荡走强。

图 1-2　盾安环境（002011）日 K 线图

②从 RSI 指标背离提示卖点来看：从价格表现很难看到顶部特征，但是 RSI 指标从 A 位置回落至 B 和 C 位置，这表明与股价走势出现了背离，是股价见顶的重要形态特征。两次背离后，该股显然已经在 M 位置的价格高位见顶。

③从低位 RSI 指标提示买点来看：股价下跌期间，价格经历了非常有效的调整。股价连续跌停期间，股价震荡走低，价格跌幅超过 60%。同时，RSI 指标已经从 E 位置的低点反弹，指标分别在 F、G、H 三个位置与股价形成底部背离。三次背离后，M1 位置出现典型的抄底价位。

④在背离期间，出现典型的价格反转走势，RSI 指标提供的背离信号非常典型。RSI 指标与股价高位背离后，该股暴跌 60% 至 M1 位置的价格低点。后期在底部 RSI 与股价背离后，该股飙升至 G 位置的高位，涨幅达 100%。可见，背离交易信号对于股票投资意义重大。

（3）小结

背离形态出现在价格波动加剧之后，通常是单边趋势逆转的交易信号。背离提示价格反转的信息非常明显，按照背离形态交易股票，获得的投资效果更好。

第 2 节　背离交易系统

背离不仅是指个股中的形态背离，还包含个股与指数背离的情况。个股与指数背离期间，交易信号更加典型。如果出现个股与指数背离的交易信号，那么可以在这些个股中挖掘更加典型的交易信息。

典型的背离交易系统从个股和指数背离入手寻找交易机会。如果能确认个股与指数背离，那么就能在接下来的量价背离、MACD 指标与股价背离以及 RSI 指标与股价背离中准确筛选交易信息，获得更稳定的投资收益。

1. 寻找与大势背离的个股

寻找与大势背离的个股，是提高获利水平的捷径。如果个股的运行节奏比大市更快，那么这样的个股波动空间会更大。利用高波动率个股的背离形态确认交易机会，相应地投资效果会更好。

投资者可以选择与指数背离的股票，注意跟踪观察，从中寻找合适的交易机会。指数运行通常比较平稳，而个股涨跌节奏各不相同。如果个股出现加速回升或下跌，那么走势上能够体现出与指数背离的走势特征。背离越明显，价格潜在的波动空间越大。实战中，与指数运行趋势背离的个股，盈利概率很大。

（1）形态特征

①个股回升摆脱指数节奏：个股加速回升后，从叠加图中能够看到个股上涨的节奏正在加快，相比指数表现更加强势。这类股票的走势将进入活跃

状态，通常是较好的买入机会。

②量能出现显著放大：个股走势与指数背离期间，成交量显著放大，这是推动价格上涨的重要看点。量能越大，股价在放量期间的走势越强，接下来股价表现也会越好。

③价格涨幅超过指数：从一段时间的股价涨幅来看，如果个股涨幅显著高于指数，那么这是运行节奏背离后个股继续上涨的信号。

（2）操作要领

①从个股回升摆脱指数节奏来看：如图 1–3 所示，股价在 T 位置显著回升，价格上涨期间，连续出现大阳线，涨幅明显超过上证指数，可见该股的运行节奏已经超乎想象。

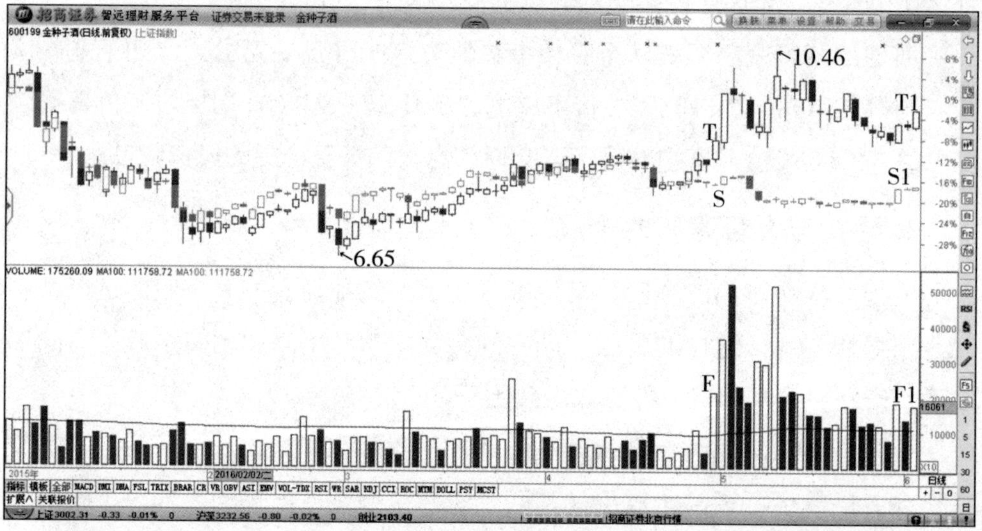

图 1–3　金种子酒（600199）日 K 线图（一）

②从量能出现显著放大来看：图中 F 位置的成交量明显高于 100 日等量线，量能放大至 100 日等量线的 2 倍、3 倍甚至 4 倍，走出放量上涨的走势。

③从价格涨幅超过指数来看：股价在 F 位置显著放量后，价格快速飙升。即便在股价冲高回落期间，股价在 T1 位置的收盘价明显高于 S1 位置的指数，指数在 S1 位置的点位与 S 位置点位相近，可见该股走势已经与指数背离。

④股价与指数背离后，不仅股价在一个月内的表现强于指数，从量能上看，成交量在 F 位置显著放大，而 F1 位置的量能依然在 100 日等量线以上。量能维持放大状态，说明该个股的强势才刚刚开始。

（3）小结

价格放量上涨期间，股价表现显著强于指数，这是价格加速运行的信号。通常来说，股价表现强于指数期间，价格还会出现回调，这期间的交易机会非常重要，是值得投资者关注的右侧交易阶段。

2. 关注价格背离机会

看到个股回升趋势加速时，股价上涨节奏明显与指数背离，这是比较典型的看多信号。如果股价延续回升趋势，那么股价上涨期间会出现比较典型的背离卖点信号。如果个股加速上涨，与指数形成背离，是买入个股的机会。接下来，股价大幅飙升的走势结束后，就迎来了高位抛售股票的交易机会。个股在价格高位出现背离形态，是比较典型的抛售信号，也是兑现收益的交易机会。

（1）形态特征

①价格出现长时间大幅飙升：股价经过长时间的上涨后，股价涨幅不断扩大，这时离价格高位的抛售时机越来越近，此时应该多关注 MACD 指标的变化，以确认股价高位卖点。

② MACD 指标与股价高位顶背离：如果股价单边上涨，并且明显与指数弱势走势背离，那么说明股价表现已经超乎想象。如果个股中的 MACD 指标已经与股价高位背离，那么卖点就基本得到确认。

③高抛卖点机会得到确认：典型的 MACD 指标与股价高位背离时，股价继续上涨的空间已经很小，特别是指数的涨幅比较有限时，背离提示的卖点信号不容忽视。

（2）操作要领

①从价格长时间大幅飙升来看：如图 1–4 所示，股价在 T 位置开始加速

反弹，后期股价震荡上行，股价在 H 和 H1 位置分别达到收盘价新高，这是回升趋势加速的结果。考虑到指数在这段时间里涨幅有限，需要关注持股风险。

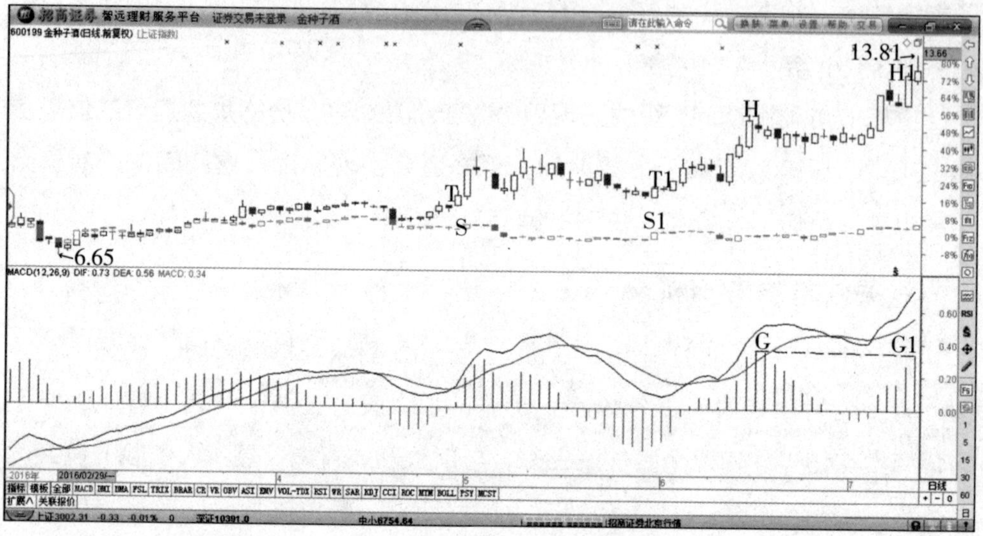

图 1-4　金种子酒（600199）日 K 线图（二）

②从 MACD 指标与股价高位顶背离来看：股价飙升至 H 位置的价格高位后，又从 H 处继续回升至 H1 位置，同期 MACD 指标已经从 G 处回落至 G1 位置，背离已经得到确认。

③从高抛卖点机会得到确认来看：MACD 柱线从 G 处回落至 G1 位置，同期股价反弹至收盘价新高 H1 位置，这是抛售股票的机会。如果在 H1 位置卖掉股票，那么背离后股价下跌将与投资者无关。

④个股与指数背离后，股价飙升空间不断提升，同期指数则从 S 位置调整到 S1 位置，涨幅非常有限。该股 MACD 指标与股价高位背离后，高抛卖点得到确认。

（3）小结

价格方面的背离形态在 MACD 指标中得到体现。MACD 指标用于描述指数平滑异同移动趋向，MACD 指标背离表明均线趋势走坏，是价格方面背离的交易提示信号。

3. 注重运用量价背离信号

如果说 MACD 指标与股价顶背离只是价格上的背离，那么 MACD 柱线与股价背离，则反映了 DIFF 线走弱和均线回升趋势减弱的背离。成交量与股价背离，则从另一方面揭示了价格高位的卖点信号。

按照量价背离确认的高抛卖点减少持股，同样可以规避价格下跌的风险。随着顶部放量转为下跌走势，股价高位出现见顶形态。价格高位缩量和放量下跌都是比较典型的量价背离抛售信号，是行情向坏发展的起始形态。

（1）形态特征

①指数横盘运行：当指数横盘运行时，个股回升趋势加强，出现量价背离信号后，股价更容易走出顶部反转走势。

② MACD 指标柱线与股价高位背离：MACD 指标柱线与股价高位背离，是非常典型的高抛交易信号。柱线与股价背离，表明价格走势上存在回调的预期。

③放量下跌卖点得到确认：股价出现高位放量下跌，这是放量下跌背离形态的卖点信号。如果在放量反转期间抛售股票，那么股价回落期间投资者不会遭受损失。股价与指数、MACD 指标同时背离，那么量价背离则是股价见顶更显著的推动因素。

（2）操作要领

①从指数横盘运行来看：如图 1–5 所示，当股价回升至 H1 位置时，指数在 S2 位置的表现相对于 S1 位置涨幅非常有限，这是比较典型的背离信号，表明该股的上涨空间已经受到限制。

②从 MACD 指标柱线与股价高位背离来看：MACD 指标柱线与股价高位背离，前面已经提到。

③从放量下跌卖点得到确认来看：出现 D 位置的天量后，该股低开回落，价格高位的抛售机会得到确认。D 位置的放量形态提示投资者股价放量背离，卖点进一步显现。

④随着量价进入背离，股价当日低开下跌，这时股价的跌幅还不大。不过，

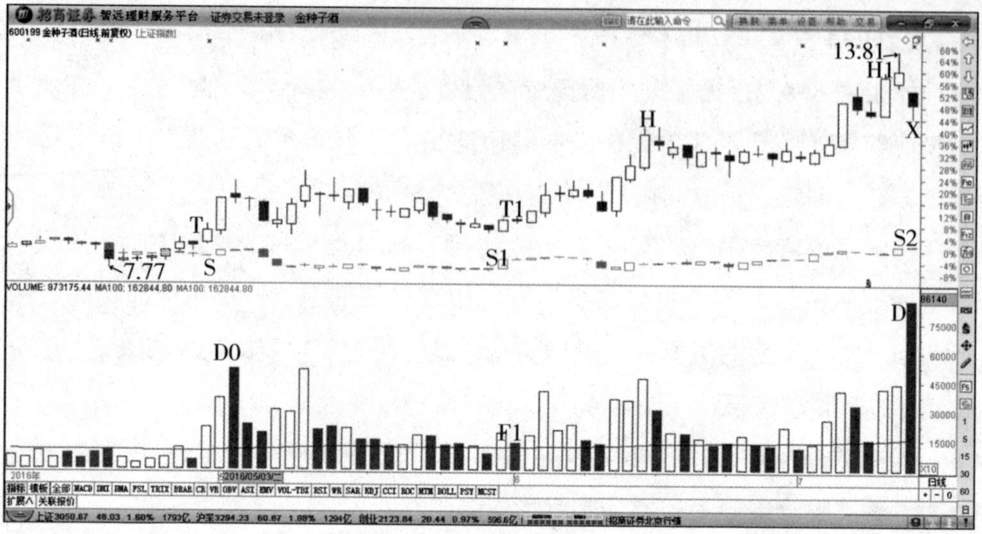

图 1-5　金种子酒（600199）日 K 线图（三）

考虑到高价区已经出现 MACD 指标背离和量价背离，预示该股将不可避免地出现短线回落。

（3）小结

量价背离直观地提示了股价顶部形态，根据量价背离提供的卖点信号减少持股数量，可以有效规避价格下跌的风险。

4. 单边交易日增加时寻找背离

从价格回升的交易日不断增多来看，RSI 指标能够体现股价收出更多阳线期间的背离走势。背离形态越明确，股价见顶的概率就会越高。随着 RSI 指标明显在高位出现背离形态，提示了背离后的高抛交易机会。

通常来说，在股价回升交易日增加期间，RSI 指标更容易出现背离形态。RSI 指标背离提示股价已经进入顶部区域，价格虽然还未下跌，但是顶部正在形成之中。若能在 RSI 指标与股价高位背离期间发现卖点，则对保住利润非常重要。上涨的交易日增加，使得股价继续回升的动力不足。RSI 指标与股价出现顶背离后，潜在的顶部就有可能成为真实的价格顶部，在此走出反转形态。

（1）形态特征

①股价与指数背离走强：股价与指数背离后，价格强势运行的特征得到延续。在较长的时间里，价格上涨趋势不会结束，这也是抛售压力增大的原因。

② RSI 指标更早提示顶部形态：随着 RSI 指标更早地与股价形成顶部背离形态，价格距离顶部的时间越来越近。面对已经形成的 RSI 指标背离形态，只能选择价格高位抛售股票，以减少股价下跌出现的利润回吐。

③ RSI 指标与股价出现两次顶背离卖点：RSI 指标与股价两次背离后，股价顶部形态得到确认。这时，股价已经没有继续上涨的动力，需要在价格下跌前大幅减少持股。

（2）操作要领

①从股价与指数背离走强来看：如图 1–6 所示，该股加速回升期间，图中 H 位置股价连续 3 个交易日上涨，股价强势表现与指数的弱势运行出现背离。

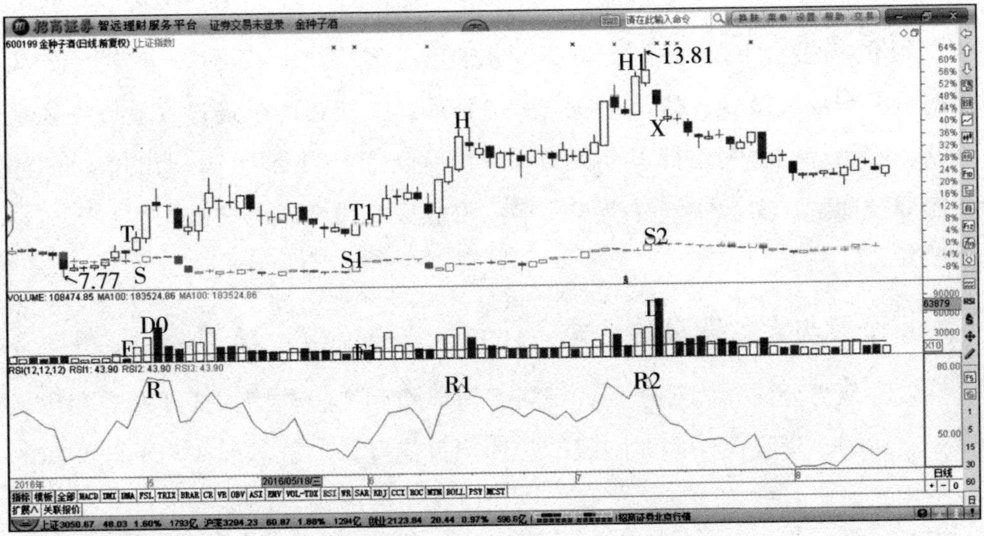

图 1–6　金种子酒（600199）日 K 线图（四）

②从 RSI 指标更早提示顶部形态来看：股价回升至 H 位置的高位期间，RSI 指标已经在 R1 位置见顶。R1 位置明显低于前期的 R 位置，这是 RSI 指

标与股价高位背离的卖点信号。首次背离并不一定是最好的卖点，但是警示意义不容忽视。

③从 RSI 指标与股价出现两次顶背离卖点来看：RSI 指标与股价出现两次顶背离时，RSI 指标在 R2 位置的数值虽然高于 R1，但是依然低于 R 位置，可见背离依然存在。第二次背离后，卖点已经更加明显。

④该股出现 RSI 指标顶背离后，结合前期确认的 MACD 指标背离和量价背离，可以断定该股已经构筑顶部形态。

（3）小结

完整的背离交易系统由指数背离、MACD 背离、量价背离和 RSI 指标背离组成，其中股价与指数背离是初期买点提示信息。

第 3 节　寻找与大盘背离个股

股价加速回落或下跌时，价格变化速度总是相比指数更快，这期间的买卖时机更容易被发现。确认个股与大盘背离，投资者可以通过收盘价格线来判断。收盘价格线的运行不存在最高价和最低价上的变化，清晰的价格曲线更容易被理解。实战中，在个股和指数收盘价格线组成的叠加图中，更容易辨识背离形态。

1. 个股与大盘背离的形式

以涨跌百分比作为纵坐标，投资者可以看到个股与指数叠加图的变化规律。实战中，个股在任何时间段的加速运行信号，都能体现在与指数背离的形态中。如果背离真的已经形成，这可以是个股单边趋势加速的信号。从日收盘价格线看，这种情况更容易被发现。在周收盘价格线中，历史上出现个股和指数背离形态后，投资者也可通过叠加图发现背离信号。

（1）形态特征

①个股与指数周线叠加图出现不一致：周收盘线叠加图中，个股价格波

动与指数波动并不一致。将时间周期拉长来看，会发现个股与指数表现出明显的背离。

②个股牛市更强：牛市行情中，个股指数可以明显强于指数，当然，这种情况出现在个股走势明显与指数背离的情况下。背离以后，个股涨幅会显著超过指数，投资者盈利空间更大。

③个股熊市更弱：如果个股估值不被市场认可，即便在牛市行情中，个股也不会出现超过指数的涨幅表现。在熊市行情中，这类股票可能与指数背离，出现更大幅度的跌幅，这是需要关注的地方。

（2）操作要领

①从个股与指数周线叠加图出现不一致来看：如图 1–7 所示，该股走势与指数并不一致。图中 T 位置开始，该股走势明显强于指数。在之后的时间里，该股走势与指数的对比更加复杂，背离的情况也经常出现。

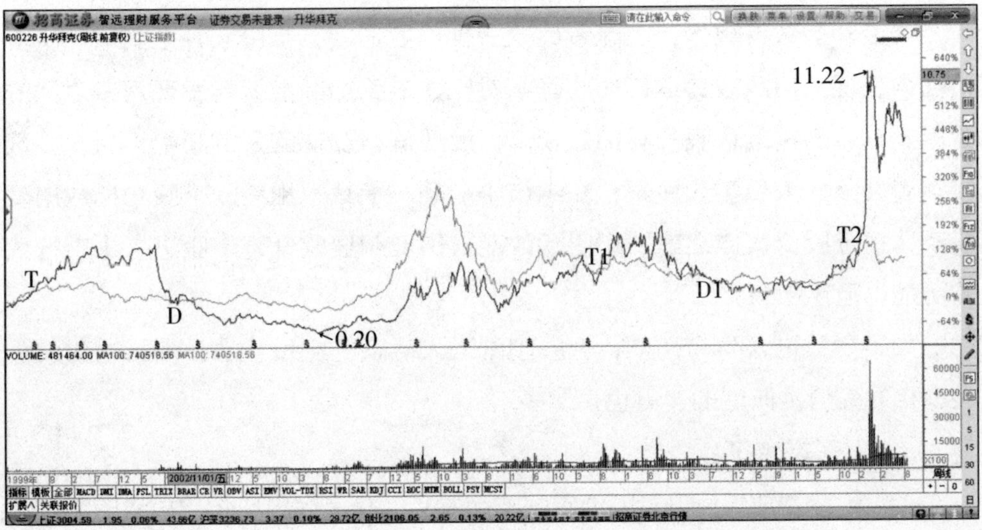

图 1–7　升华拜克（现名瀚叶股份，600226）日 K 线图

②从个股牛市更强来看：从 T 位置开始，牛市中该股走势明显强于指数。当该股走势表现强于指数时，就开始出现背离。该股走势更强，表明投资者持有该股的盈利要超过指数表现。

③从个股熊市更弱来看：从D位置开始的熊市行情中，该股走势表现明显弱于指数。从D位置开始，该股走势表现与指数背离。直到图中T1位置前，该股指数表现都没有超过指数。

④从周线该股走势与指数的叠加图来看，该股走势表现并不明显强于指数，股价与指数背离的情况时有发生。背离期间，投资者需要关注典型的交易机会出现的时点。图中T、T1、T2位置，该股走势与指数背离后加速回升。D和D1位置，该股走势与指数背离，股价表现弱于指数。T、T1、T2和D、D1分别为背离开始的买点和卖点。

（3）小结

股价与指数背离主要表现为强势上涨背离和弱势下跌背离。这两种背离都是股价加速运行的信号，投资者应该更多关注其提示的交易信息。

2. 上涨背离的价格表现

个股与指数背离中，上涨背离是一种重要形式。个股回升空间增加，价格强势表现与指数弱势运行形成鲜明对比，从叠加图上就能发现两者之间的背离走势。通过确认股价与指数背离，发现价格加速回升的起始点后，多数投资者会因此大量买入股票，在牛市中盈利。指数上涨前，个股与指数出现背离，提示股价买点之前，即便指数没有出现明显回升，个股进入牛市行情的可能也是存在的。

如果指数进入牛市初期，个股刚刚进入活跃的交投状态，那么这时股价表现相对强势，典型的买点也会增多。

（1）形态特征

①股价脉冲放量回升：股价走强的起始点，经常会出现脉冲放量的情况。主力投资者短时间放量拉升股价，使得股价很容易表现出强势状态。价格表现强于指数，这是背离提示的买点信号。

②价格第二次走强，与指数背离：当价格第二次走强，与指数表现出背离后，股价涨幅完全盖过指数，此时可以寻找股价和指数之间的背离交易信号。

③背离期间股价加速回升：当确认股价与指数存在背离后，接下来看到背离后股价加速上涨，已经持股的情况下，持股收益完全能够超越指数的表现。

（2）操作要领

①从股价脉冲放量回升来看：如图 1–8 所示，M 位置的量能以脉冲形式放大，股价在 A 位置的表现完全超越指数，这是该股走势与指数首次背离的信号。股价与指数背离，意味着该股将会出现超越指数的涨幅。

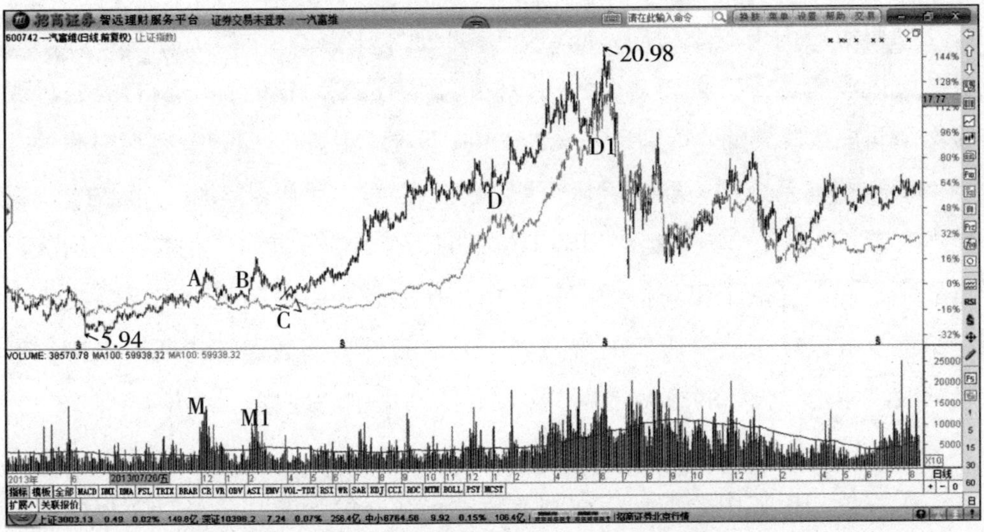

图 1–8　一汽富维（600742）日 K 线图

②从价格第二次走强，与指数背离来看：A 位置的脉冲放量上涨结束后，股价在 B 位置出现第二次脉冲放量走势。这时股价走势表现更加强势，即便在回调期间，都可以看到 C 位置标注的价格依然强于指数，表明背离期间股价开始加速回升。

③从背离期间股价加速回升来看：股价涨幅在 D 位置接近指数前，可以确认该股表现明显强于指数。直到股价涨幅达到 D1 位置，这种股价与指数背离的强势局面才结束。

④在价格回升阶段，股价与指数强势背离的过程中，起始背离形态提供了绝佳的买点机会。图中A和B位置的买点不容忽视，这期间该股与指数背离，是建仓的交易机会。

（3）小结

股价与指数在上涨阶段出现背离，这只是背离后的买点信号。背离以后，股价调整结束，牛市行情中价格表现会更加抢眼。

3. 下跌背离的价格表现

当股价进入下跌趋势后，股价的表现可以明显超越指数。也就是说，指数跌幅远没有达到的幅度，个股可以短时间内达到。这时，个股的弱势表现显然是与指数背离的。特别是在叠加图中，明显会出现典型的背离交易信号。

背离交易系统中，要想确认个股的卖点信号，可以从个股与指数的背离卖点入手。当发现个股走势明显弱于指数时，卖点信号就可以相应得到确认。实战中，一旦确认个股与指数出现背离，在很长一段时间里，都可以按照做空策略交易。还未卖掉股票的投资者，面对股价与指数显著背离的走势，可以采取高位卖掉股票的交易策略，以便始终占据主动地位。

（1）形态特征

①股价与指数由叠加到加速回落转变：在股价加速回落前，能够看到股价与指数呈现出叠加状态。也就是说，股价与指数的运行节奏一致，股价还未出现加速杀跌的背离形态。一旦股价加速回落并且与指数运行节奏形成背离，那么股价的弱势表现就可以显现出来。

②反弹叠加提示卖点：下跌过程中，如果股价反弹空间达到与指数叠加的程度，那么这是股价短线强势表现的卖点信号。熊市中，股价与指数背离后的卖点信号更值得肯定，价格反弹可以认为是继续卖掉股票的机会。

③熊市中股价再创新低：熊市股价走势趋于弱势，与指数背离的过程中，收盘价很容易出现更低的价位。如果股价与指数背离后并未出现明显的企稳形态，那么通常认为股价下跌趋势不会很快结束。从波动空间看，股价表现

还将继续弱于指数。

（2）操作要领

①从股价与指数由叠加到加速回落转变来看：如图 1–9 所示，股价在 A 位置与指数叠加，这期间股价与指数未出现背离。随着熊市的确认，接下来该股跌幅明显超过指数，这是典型的背离信号，意味着股价接下来的表现会更加弱势。

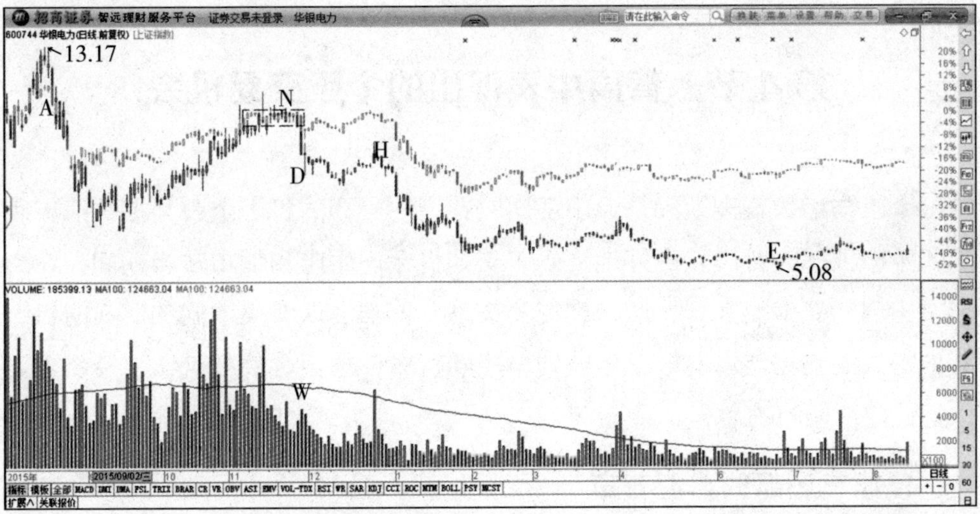

图 1–9　华银电力（600744）日 K 线图

②从反弹叠加提示卖点来看：图中股价反弹至 N 位置的高位期间，该股再次与指数背离，但出现在熊市中，该股反弹到高位是卖点信号。股价反弹不改变股价与指数继续背离的弱势表现，没有卖掉股票的投资者可以在 N 位置出货。

③从熊市中股价再创新低来看：股价加速回落至 D 位置，之后反弹至 H 位置期间，股价并未与指数叠加，说明该股与指数背离期间，熊市下跌还未结束。背离过程中，该股继续深度回调，股价跌至 E 位置的低点期间，表现明显弱于指数。

④熊市股价难以出现好的表现，股价与指数在 A 位置加速背离后，相应

的抛售机会就已经得到确认。接下来的交易中，以反弹减仓的操作方式应对下跌趋势，亏损才能降低到最小程度。

（3）小结

在背离交易系统中，把握好股价与指数背离的交易机会，就可以有效降低亏损。首次确认股价与指数背离以后卖掉股票，接下来投资者就不必担心熊市行情。

第 4 节 背离中表现出的个股交易机会

个股与指数背离期间，会出现比较典型的交易时机。个股与指数熊市底部和牛市顶部的背离，更好地提示了交易机会。牛市和熊市转换期间，背离形态出现的概率很高。按照背离交易策略，不难发现背离期间的买卖时机。背离提供的交易信息有效，牛熊转换期间背离形态更容易被确认，投资者可以把握住这期间的盈利。

1. 熊市底部的典型背离

熊市行情的发展和个股的回落，通常会出乎很多投资者的预期。实际上，熊市中股价的下跌时间很长，下跌空间也很大。多数投资者没能等到熊市向牛市转换，就放弃了股票买卖。典型的熊市行情可以在背离期间结束，利用背离来确认交易机会，盈利就容易得多。

熊市行情中，典型背离通常会成为股价触底的信号。随着背离的完成，股价完成触底动作，同时也出现股票买点。股价在熊市中回落的时候，出现两个不同的价格底部时，背离持续时间越长，表明股价触底的概率越大。使用熊市股价触底的背离形态来买入股票，今后就会有可观的收益。

（1）形态特征

①股价跌幅已经很大：进入熊市以后，股价跌幅已经很大，在这种情况下，

比较明显的下跌趋势还没有结束的迹象。同样，价格低位的买点也还没有出现。

②价格创新低期间出现背离：如果股价出现收盘价格新低，那么不可避免地会出现背离。长期无休止的弱势阴跌后，RSI 指标可能出现钝化的情况。钝化的结果就是出现背离形态，这提醒投资者买入股票的机会已经近在眼前。

③背离后 RSI 指标强势企稳：下跌趋势中，股价很难在短时间内出现企稳，形成背离后，可以看到 RSI 指标强势回升，推动价格出现反弹。这期间的反弹不同以往，是股价表现强劲的回升信号。在反弹推动下，股价进入稳步回升状态。

（2）操作要领

①从股价跌幅已经很大来看：如图 1–10 所示，股价进入下跌趋势后，价格在 G0 位置见顶并跌破图中 H 位置的价格平台前，跌幅已经达到 35%。熊市中，股价下跌潜力很大，此时该股还远远没有触底。

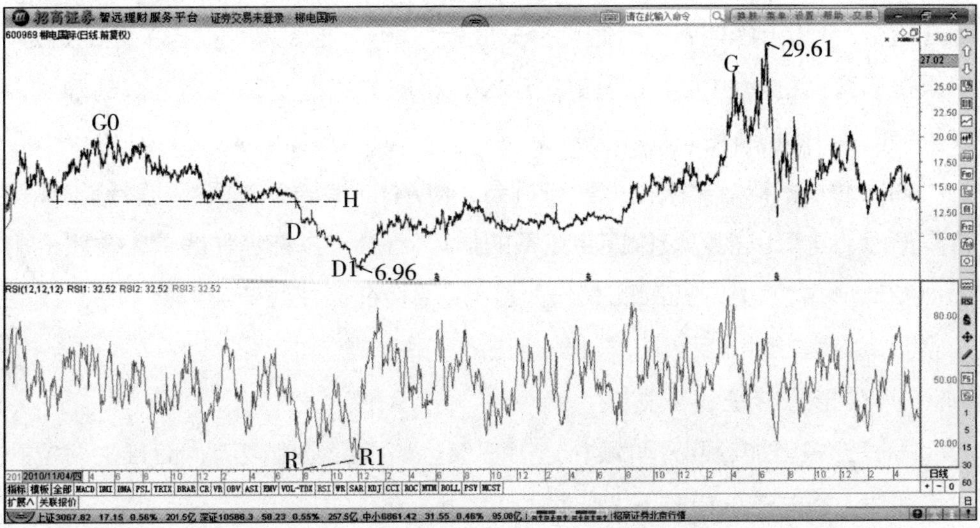

图 1–10　郴电国际（600969）日 K 线图

②从价格创新低期间出现背离来看：股价跌破 H 位置价格平台后，在 D 和 D1 分别出现新的收盘低价，同期 RSI 指标却从 R 反弹至 R1 位置，背离形态已经得到确认。

③从背离后RSI指标强势企稳来看：R到R1位置的RSI指标回升持续半年，背离后该股很快出现反弹走势。RSI指标背离后单边反弹至80线上方的超买状态，这是牛市得到确认的信号。后期股价回升至G位置的价格高位，涨幅高达185%，显然是不错的盈利幅度。

④熊市中，该股RSI指标与股价仅出现一次典型背离，股价就完成了触底动作。不过，背离持续时间长达半年，也为价格走强积聚了力量。随着指标反弹至50线以上，该股进入稳步回升的牛市阶段。

（3）小结

熊市阶段，背离次数可以是一次甚至多次。判断背离有效性，背离间隔时间越长，相应的背离买点越真实可靠。

2. 牛市顶部的典型背离

牛市行情发展到一定阶段，股价上涨空间已经很大。即便股价依然处于回升趋势，价格上涨期间不可避免会形成指标背离，这是需要重点关注的地方。如果指标背离推动的价格见顶得以形成，相应的高抛交易机会就得到确认，股价将很快出现明显的下跌走势。

如果通过指标背离来挖掘卖点机会，MACD指标会在顶部与股价出现顶背离形态，这可以视为股价即将见顶的信号。MACD指标柱线首先与股价出现顶背离形态，均线方面此时会显现出顶部特征。柱线背离显示DIFF线回升停滞，均线方面的反转将推动价格进入下跌状态。

（1）形态特征

①股价经历加速回升阶段：这时不仅价格上涨空间较大，而且主力拉升股价加速上涨时充分释放了上涨潜力。

②价格弱势创新高：经过加速回升阶段后，股价上涨趋势减弱。从收盘价格表现来看，可以看到股价依然能够达到新高价位。

③MACD柱线背离提示卖点：股价弱势回升期间，MACD指标已经背离回调，背离表现在MACD柱线首先出现回缩形态。

（2）操作要领

①从股价经历加速回升阶段来看：如图 1–11 所示，该股加速回升阶段，图中 G 位置的高价区，股价出现跳空上涨的阳线形态，可见该股经历了加速回升的飙升阶段。

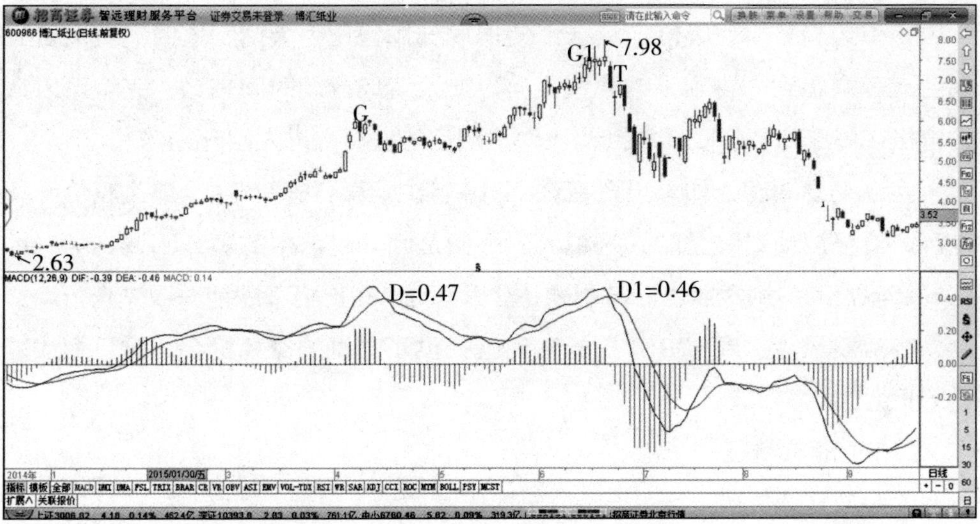

图 1–11　博汇纸业（600966）日 K 线图

②从价格弱势创新高来看：当股价在 G 位置加速冲顶后，经过回落和横盘调整，股价再创收盘价新高。只是这一次的股价上涨阶段，G 位置的价格涨幅不大，该股是以弱势回升状态来盘升的。

③从 MACD 柱线背离提示卖点来看：股价加速回升后，该股在 G 位置局部见顶，同时 MACD 指标 D 位置对应的柱线数值为 0.47。接下来股价飙升至 G1 位置的价格高位，但 MACD 柱线在 D1 位置的数值仅为 0.46，柱线与股价形成顶背离，这是典型的卖点信号。

④在 MACD 柱线与股价背离后，卖点可以得到确认。价格在 T 位置低开跌停，进一步验证了背离顶部形态。如果投资者想要降低持股风险，应在背离阶段减少持股数量。背离后股价从最高 7.98 元回落至 3.50 元以下，暴跌 56%，这是多数投资者都难以承受的损失。

（3）小结

牛市行情中，股价累计涨幅很大。出现背离时，已经走出顶部形态，背离只是比较典型的一个判断价格反转的形态。

3. 单边趋势局部背离

在单边趋势中，股价连续上涨使得局部抛售压力大增，这时的背离更容易让大家联想到即将到来的调整走势。如果背离持续时间较短，完全可以认为价格在局部回调阶段释放抛售压力，随后能够再次进入回升趋势。

实盘交易期间，如果投资者在回升趋势中不断获得收益，那么股价涨幅越高，价格波动对收益的影响越大。即便是回升趋势中的短线回调走势，关注局部调整的高抛卖点也非常重要，投资者可以在价格下跌前采取减仓行动，以减少持股风险。局部 RSI 指标背离就提供了高抛的交易机会，这是短线减仓的机会。

（1）形态特征

①股价连续放量上涨：当股价出现连续放量上涨后，价格涨幅已经很高。连续上涨使得投资者的盈利不断扩大，高抛卖出股票的投资者也在不断增加。如果这时出现顶部信号，投资者一定要高度重视，需要把握好高抛的卖点。

② RSI 指标出现局部背离：在股价连续回升阶段，震荡指标 RSI 的回升趋势出现逆转。股价连续出现阳线形态时，RSI 指标却已经背离回落。通常来说，这种背离系统不会持续超过两次，卖点就出现在背离阶段。

③价格进入短期调整阶段：随着 RSI 指标连续两次出现背离回调形态，股价已经开始出现阴线下跌走势。在局部调整阶段，价格跌幅并不大，但足以减缓价格回升的节奏。

（2）操作要领

①从股价连续放量上涨来看：如图 1–12 所示，股价在放量回升期间连续走强，价格表现强势。图中 F 位置显示量能有效放大，使得股价飙升至 G 位置的价格高位，可以认为该股的上涨趋势已经非常明显，但不能忽视局部抛售压力的增加。

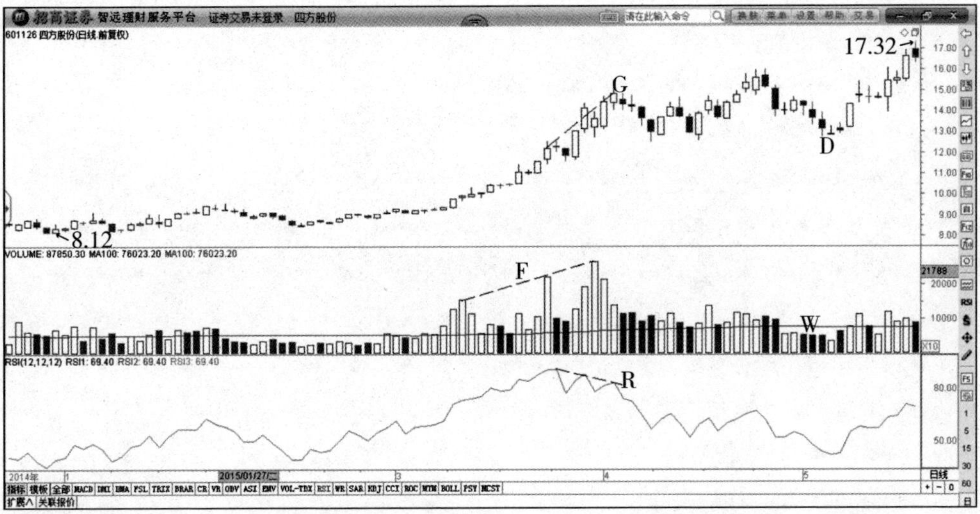

图 1–12　四方股份（601126）日 K 线图

②从 RSI 指标出现局部背离来看：股价冲击局部顶部 G 位置的价格高点期间，可以看到 RSI 指标在 R 位置显著回调。RSI 指标背离回调，意味着行情发展出现明显的顶部特征，该股在 G 位置出现的连续阴线调整就很能说明问题。

③从价格进入短期调整阶段来看：股价在 G 位置见顶后，价格横盘运行 1 个月，股价最低调整到 D 位置的收盘价低位。可见，RSI 指标与股价背离推动的价格调整非常明显。如果投资者在这期间减仓，就可以降低投资损失。

④价格在低位运行时，持股的投资者还没有盈利。股价飙升至 G 位置的高位时，该股涨幅接近 100%。这时价格每回调 1%，投资者的损失就可达本金的 2%。可见，利用背离确认高抛交易机会是非常重要的，这样资金波动才不会太大。

（3）小结

通常来说，间隔时间较短的背离提供的交易机会，是局部行情调整的减仓信号。间隔时间较长的背离形态，则提供了清仓交易机会，是市场牛熊转换的交易信号。

第2章

初期确认大盘背离——个股与指数背离确认

在背离交易系统中，可以首先确认个股与指数背离，这是介入交易过程的不错选择。确认个股与指数走势背离，能发现典型且有效的盈利机会。如果股价短线表现强势，并且价格明显强于指数，可以认为这是背离期间买点出现的信号。类似的情况也出现在股价加速下跌期间，在股价与指数背离回落后，卖点信号为投资者提供了抛售的机会。

本章从个股与指数背离提供的买卖机会入手，为投资者解读背离期间非常典型的交易信号，帮助投资者更好地把握股价背离带来的交易机会。

第 1 节　个股与指数叠加图

通过分析个股与指数走势叠加图，能够清晰地看到股价强势运行期间与指数走势的不同之处。个股波动加剧，说明单边趋势正在酝酿之中，股价与指数的背离形态得到确认。如果按照股价与指数走势背离来交易股票，就有机会选取强势个股获利。

1. 回升趋势叠加图

在回升趋势中，个股与指数的叠加图里，当价格表现强于指数时，表明股价正在加速回升。熊市中股价表现不佳，但熊市结束后股价和指数走势强劲，相应地，放量上涨的买点信号也能得到确认。如果投资者能把握好价格走强的交易机会，获得收益并不困难。

（1）形态特征

①熊市股价靠近指数：熊市中，股价涨幅会出现收窄的情况。特别是从相对指数的涨跌表现来看，个股与指数之间的波动空间正在收窄。以涨跌百分比为纵坐标的叠加图中，如果股价与指数之间的距离收窄，相应的买点就能够得到确认。

②熊市结束，股价与指数最近接触：熊市结束前，股价经历明显的下跌走势后，价格与指数之间的距离最小，买点也最为典型。

③牛市放量期间涨幅扩大：随着成交量的稳步回升，股价进入牛市，价格与指数之间的距离也不断扩大。

（2）操作要领

①从熊市股价靠近指数来看：如图 2-1 所示，L 位置成交量持续萎缩期间，价格跌幅也不断扩大，股价与指数距离不断收窄。

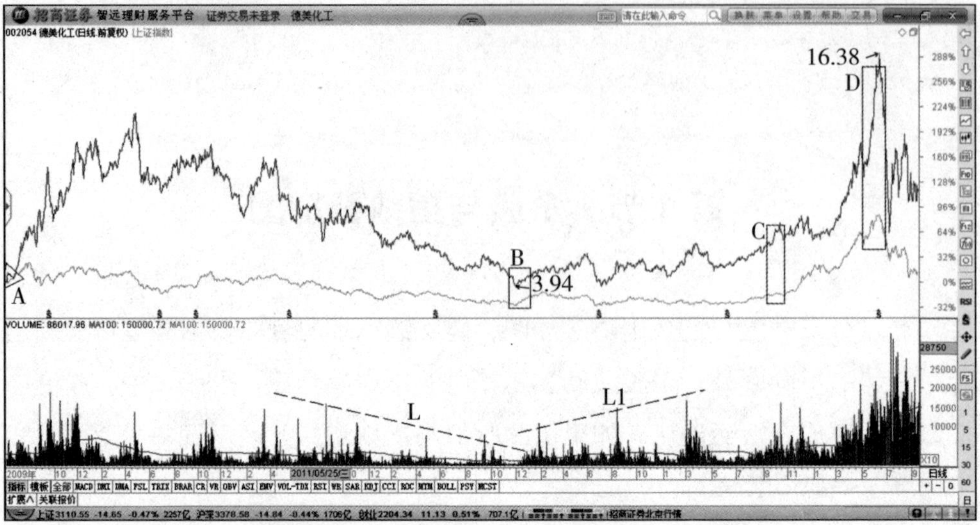

图 2-1 德美化工（002054）和上证指数收盘线叠加图

②从熊市结束，股价与指数最近接触来看：股价在熊市中跌幅扩大，表现明显弱于指数。该股在图中 B 位置明显接近指数，表明两者之间的距离收窄。

③从牛市放量期间涨幅扩大来看：图中 L1 位置显示，随着成交量的不断放大，股价涨幅扩大，与指数之间的距离增加。图中 C 位置股价与指数之间的距离明显大于 B 位置，表明上升趋势没有结束。

④股价与指数背离信号非常重要，图中 C 位置的股价与 B 位置相比涨幅不大，但 C 位置股价明显强于指数，表明背离加剧，这提示了低价买点信号。

（3）小结

在叠加图里，个股与指数的相对涨跌变化中，投资者能够发现个股强势运行突破的信号。特别是熊市与牛市转换期间，价格从低位企稳后，涨幅超越指数的过程中，买点信号可以得到确认。

2. 下跌趋势叠加图

熊市来临后，个股跌幅较大的通常是小盘股。这类股票在牛市中涨幅较大，熊市中需要较大的跌幅来修正估值。如果指数出现熊市信号，在反转期间，投资者就能发现股价跌幅超过指数。

个股跌幅超过指数并不奇怪，这是回落趋势应有的表现。叠加图中，如果股价已经完成价格高位的反转形态，并且下跌趋势也已经得到确认，那么在股价下跌途中，还未卖掉股票的投资者有可能面对超过指数跌幅的亏损。

（1）形态特征

①股价高位出现反转形态：股价在高位出现反转形态后，能够确认的是顶部反转形态已经出现，价格相对于指数的表现会很快减弱。

②个股跌速超过指数：进入熊市后，个股跌幅很容易超过指数。虽然指数跌幅较大，但个股表现可能更加弱势。

③熊市阶段股价出现企稳信号：当个股经历明显的杀跌后，出现技术性的反弹，使得股价逐渐企稳。叠加图中，投资者可以清晰地发现股价相对于指数走强的信号。

（2）操作要领

①从股价高位出现反转形态来看：如图 2-2 所示，成交量从 E 萎缩至 F 位置后，在成交量萎缩的影响下，股价构筑了顶部形态。图中 A 和 B 位置的双顶反转形态，确认股价将进入弱势下跌。

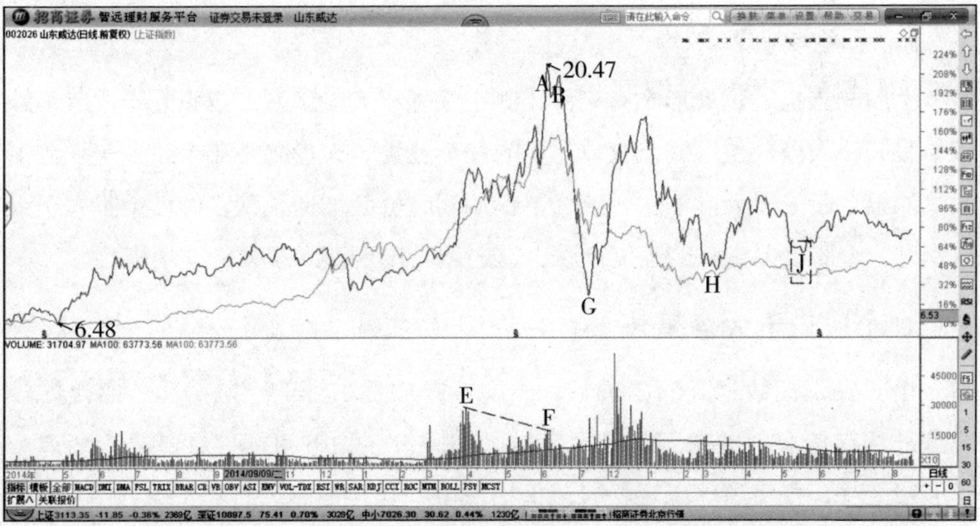

图 2-2　山东威达（002026）和上证指数收盘线叠加图

②从个股跌速超过指数来看：A 和 B 位置的收盘线完成双顶后，价格在下跌期间明显弱于指数。股价杀跌至 G 位置的低点以后，价格表现明显比指数弱势。

③从熊市阶段股价出现企稳信号来看：股价深度回落至 G 位置低点后，技术性反弹期间价格很快达到上证指数上方，图中 H 和 J 位置该股跌幅已经收窄到指数上方。

④股价在 A 和 B 位置明显强于指数，这期间的价格反转非常值得关注。从双顶的反转形态开始，股价表现很快弱于指数并且与指数背离，熊市出现前的卖点信号很快得到确认。

（3）小结

在进入熊市的时候，快速下跌期间股价走势明显弱于指数。仅从股价快速见顶的表现，投资者就可以通过叠加图发现股价的反转形态。股价首先反转的形态是该股与指数背离的表现，是股价进一步下跌的起始形态。

第 2 节　个股与大盘背离

个股与大盘的背离形态有三种，即个股先于大盘飙升、个股先于大盘下跌和个股突破大盘调整区域，比较常见的是个股先于大盘飙升和个股先于大盘下跌。如果个股先于大盘下跌，那么下跌期间股价会加速杀跌。如果个股先于大盘飙升，个股会以更快的速度上涨，这时就会出现买入股票的交易机会。

1. 个股先于大盘飙升

个股先于指数飙升的情况下，出现指数放量上涨的突破信号，这是比较典型的买点信息。放量突破的力度越大，股价企稳的可能性会越高。通过个股放量上涨，投资者可以轻松确认价格低位的买点信息。

实战中，个股先于指数飙升时，可以确认个股的背离回升形态。这种背离体现了主力投资者做多的意图，是股价即将飙升的信号。很多即将走强的股票都可能与指数形成背离，但是出现更强势的背离形态时，能够发现涨幅潜力更大的个股。

（1）形态特征

①股价经历熊市行情：股价经历熊市后，熊市期间股价表现明显弱于指数。这时，股价还没有出现走强的信号，也没有真正出现典型的买点机会。

②股价回升趋势显著增强：如果股价回升趋势显著增强，那么价格放量上涨期间，涨幅自然会超过指数表现。按照这个思路，很容易确认股价走强期间与指数背离的买点信号。

③股价放量加速回升：股价走强后，价格与指数背离，个股强势表现得到延续。后期能够看到加速放量的上涨走势，这是股价回升趋势延续的结果。

（2）操作要领

①从股价经历熊市行情来看：如图 2-3 所示，股价进入熊市后，从图中 A 位置开始，该股表现明显弱于指数。在下跌过程中，该股始终处于指数下方，交易机会极少。

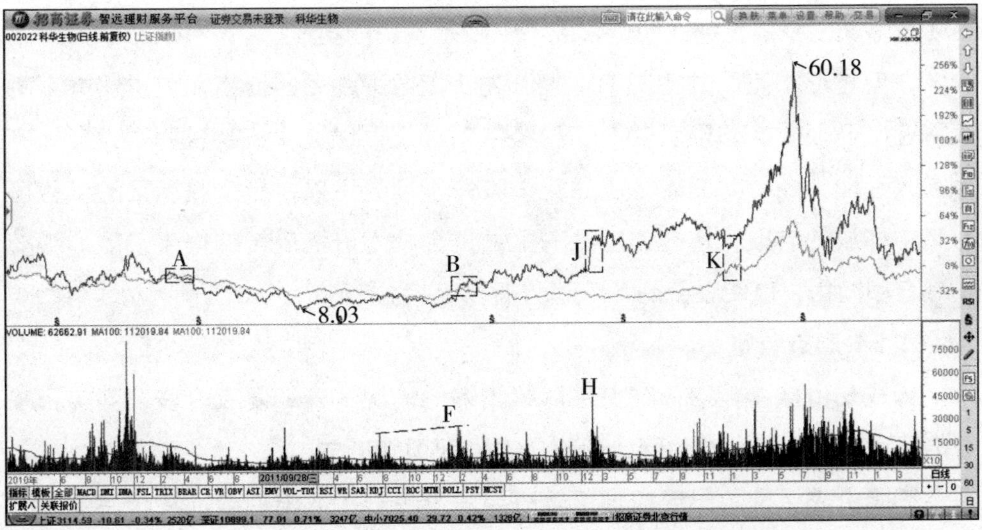

图 2-3　科华生物（002022）和上证指数收盘线叠加图

②从股价回升趋势显著增强来看：图中F位置的成交量出现放大趋势，股价在B位置的涨幅明显强于指数，这是与指数背离的买点信号。

③从股价放量加速回升来看：个股脉冲量能更高，图中H位置量能达到天量状态，股价在J位置走强提示价格进一步回升。背离提示的持股交易机会依然存在，K位置股价短线调整到靠近指数的位置，这是股价短线回调的买点机会。

④股价弱势运行期间，该股表现长期弱于指数。图中B位置价格线超过指数后，该股进入强势背离阶段，背离则意味着股价还会出现更大的涨幅。

（3）小结

从长期价格走势表现看，股价走势强于指数，这是比较典型的看涨信号。股价先于指数走强，背离提示买点后，可以看到长期持股的盈利机会已经出现。

2. 个股先于大盘下跌

个股先于指数下跌的情况下，出现典型的股价反转形态，这是高抛交易机会出现的信号，同时也是比较有效的高位减仓交易信号。如果按照既定的交易策略卖出股票，那么股价背离下跌就是不错的卖点。

在反转形态完成的情况下，股价先于指数下跌后，价格在缩量状态下的下跌速度会很快。如果反转期间已经持币观望，那么在下跌过程中，自然不会扩大亏损。经历完美的牛市后，个股先于指数见顶，是个股积累的抛售压力集中释放的结果。还没有出逃的主力资金成为价格反转的推手，散户跟随式减仓和抛售，也使股价的下跌趋势得以延续。

（1）形态特征

①成交量持续萎缩：成交量持续萎缩的情况下，即便股价表现强势，强势格局也不会延续太长时间，股价总会出现顶部形态。

②股价先于指数出现双顶反转：当股价先于指数出现双顶反转后，可以认为股价已经与指数顶背离，出现高抛卖点。

③价格开始加速杀跌：价格加速回落，表明股价不仅与指数背离，而且表现出更快速的下跌趋势，减少持股刻不容缓。

（2）操作要领

①从成交量持续萎缩来看：如图 2–4 所示，在股价加速冲顶时，图中量能持续萎缩至 W 位置。W 位置的量能已经低于 100 日等量线，说明股价已经接近顶部。

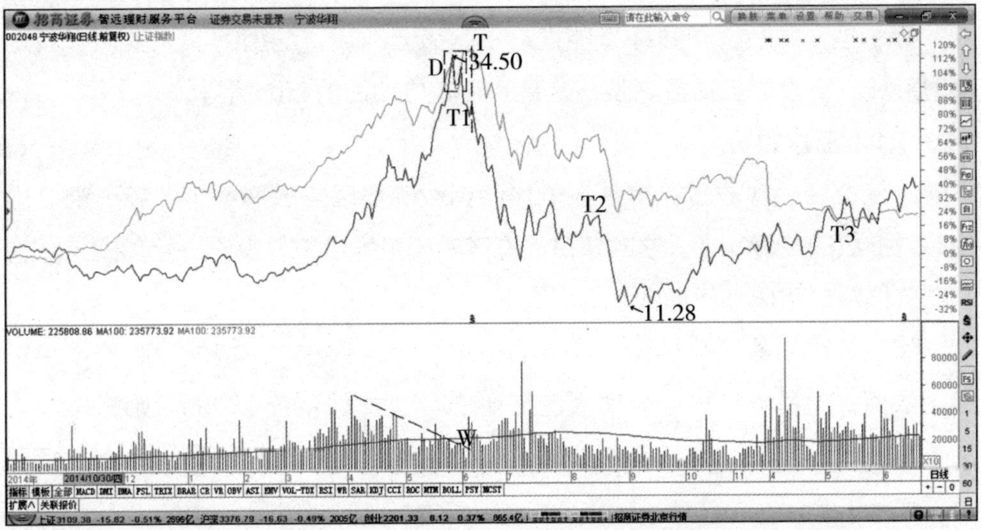

图 2–4　宁波华翔（002048）和上证指数收盘线叠加图

②从股价先于指数出现双顶反转来看：量能萎缩后，股价很快在 D 位置完成双顶形态，这是股价先于指数见顶的信号。股价在 T1 位置的收盘点位明显低于 T 位置，意味着下跌趋势已经开始。

③从价格开始加速杀跌来看：股价完成双顶后，与指数背离下跌，期间股价也曾在 T3 位置出现反弹的高位，但下跌趋势并未因此结束。经历两波下跌趋势，该股表现明显弱于指数，可见早期抛售该股能够挽回不少损失。

④股价从牛市向熊市转换的过程中，出现高位抛售的交易机会，非常典型的卖点机会出现在股价与指数背离期间。这种背离卖点是进入熊市时的典型抛售机会。从减少亏损的角度看，图中 D 和 T3 位置都是有效的抛售价位。

（3）小结

牛市阶段，股价表现可以始终弱于指数。但是牛市结束前，股价冲高回落，价格表现从强到弱的短期波动中，就会出现股价与指数背离的卖点。

3. 个股突破大盘调整区域

大盘处于调整状态时，个股处于弱势运行状态，没有交易机会。这时突然出现的放量信号，可以成为价格上涨的推动因素。量能越高，股价触底回升的概率越高。股价在脉冲量能推动下强势上攻后，典型的买点就在个股走强时形成。个股先于指数走强，这是回升趋势加速的起始信号。

（1）形态特征

①低价区出现放量吸筹：在价格和指数明显弱势的情况下，股价难以出现超越指数的量价表现。这时，在低价区的放量推动下，股价开始加速上涨，推动价格走势明显强于指数。

②股价与指数弱势横盘：偶然的一次加速上涨，并不能成为股价连续走强的依据，但是价格放量脱离横盘区域，可以成为价格回升的起始形态。特别是指数横盘期间，个股首先放量走强，这种个股与指数背离的形态正好提示了买点机会。

③股价放量走强与指数背离：随着量能的放大，股价表现与指数背离后，价格加速上行的趋势得到确认，这时持有股票更容易获得投资收益。

（2）操作要领

①从低价区出现放量吸筹来看：如图 2–5 所示，股价在 T 位置加速回升，而 F0 位置的量能放大至天量，这是主力快速吸筹的表现。但是后期股价走势表现较弱，图中 N 位置，该股与指数运行节奏一致，并未出现明显回升。

②从股价与指数弱势横盘来看：F 位置量能出现放大，随后该股在 N 位置出现了长达一年的弱势横盘。指数与该股表现一致，都处于弱势运行状态。

③从股价放量走强且与指数背离来看：横盘结束后，股价在 F1 位置出现

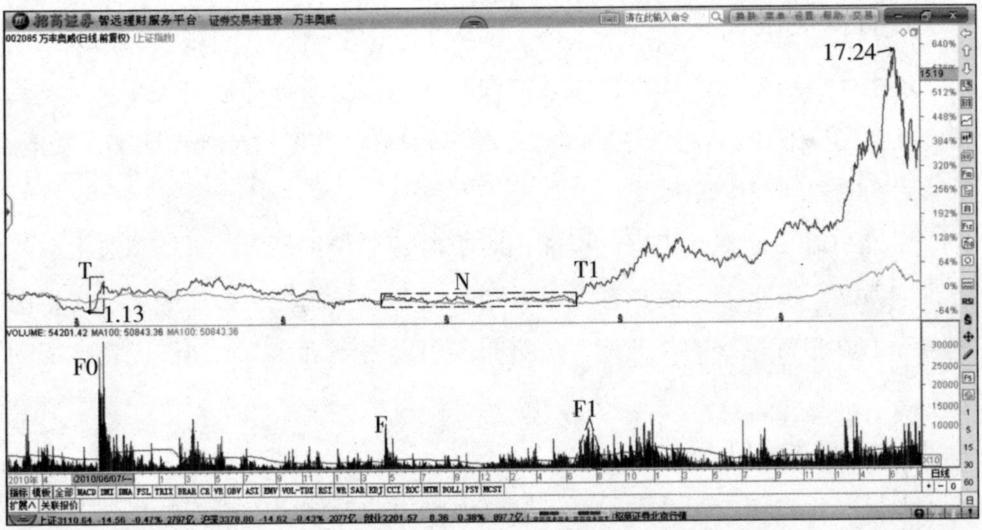

图 2-5　万丰奥威（002085）和上证指数收盘线叠加图

明显放量，量能高于 F 位置，股价在 T1 位置加速回升，这是个股与指数背离的买点信号。背离后股价进入回升趋势，股价涨幅不断扩张。

④股价与指数低位背离后，也就是股价开始上涨前，买点机会出现在价格放量上涨的那一刻。如果投资者在 T1 位置买入股票，那么耐心持股一段时间后，牛市行情中盈利会非常丰厚。

（3）小结

股价表现强于指数期间，价格不会马上进入回升趋势。等待股价加速拉升时，价格与指数背离加强，真实的回升趋势才会形成。

第 3 节　强势背离买点解读

在股价加速走强之后，能够看到非常典型的价格上涨形态。量能越大，价格上涨越快，相比指数表现更加强势。在股价加速回升期间确认背离买点，接下来的盈利空间自然会更加可观。

1. 背离突破买点

熊市中，股价反弹的次数较多，但并非每一次反弹都是买入机会。随着股价反弹超越指数，价格低位的买点机会得到确认。在股价反弹初期买入股票，自然后期的盈利空间较大。

通过 100 日等量线来看，量能相对 100 日等量线越高，价格单边上涨的势头越强劲。事实上，投资者可以看到股价在回升趋势中会加速上涨。量能相当于 100 日等量线的 3 倍时，价格趋势可以得到确认，背离买点也能得到确认。

（1）形态特征

①股价经历熊市调整走势：股价经历熊市调整后，弱势运行状态下，股价难以出现强势的表现，出现的交易机会也不多。

② 100 日等量线显著回调：在熊市里，量能萎缩的过程中，100 日等量线也会不断回调。当成交量相对 100 日等量线更高时，表明等量线的回调已经结束。

③股价放量上涨，与指数背离：股价放量上涨过程中，量能很轻松就会回升至 100 日等量线以上，这是非常有效的看涨信号。随着量能充分放大，股价强势回升并与指数背离，这是买点信号。

（2）操作要领

①从股价经历熊市调整走势来看：如图 2–6 所示，股价进入下跌趋势时，D 和 D1 位置股价显著回落，与指数相比表现更差。这样看来，该股的下跌趋势显然已经形成。

②从 100 日等量线显著回调来看：股价处于下跌趋势时，100 日等量线在 P 位置的表现非常弱势，并且已经接近历史低点。图中 P1 位置的量能明显高于 100 日等量线，这是量能相对于回落的 100 日等量线放大的信号。

③从股价放量上涨，走势与指数背离来看：图中 F 位置的成交量放大更加有效，量能是 100 日等量线的 3 倍。这时，股价在 T 位置的表现超过指数，这是股价表现强于指数的买点信号，也是回升趋势加速的信号。

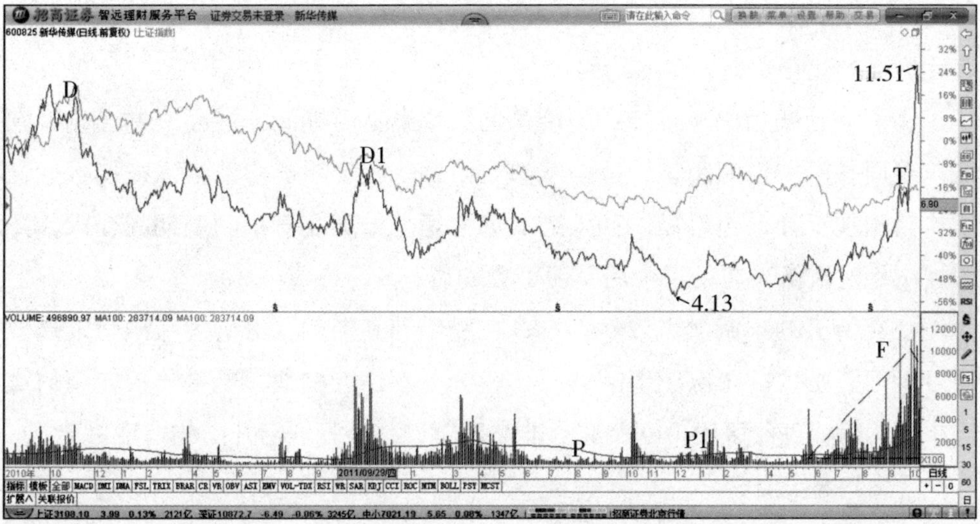

图 2-6　新华传媒（600825）和上证指数收盘线叠加图（一）

④股价与指数强势背离期间，成交量在 F 位置成倍放大，这期间股价加速回升到指数上方，买点很快得到确认。

（3）小结

股价加速回升时，非常典型的买点出现在股价超越指数之后，表明成交量放大有效，也有理由相信这种放量推动的价格上涨可以得到延续。

2. 背离回调买点

股价短线表现强于指数的情况下，如果价格走强，通常会与指数形成背离。股价与指数背离后，价格冲高回落。在涨跌百分比为纵坐标的图表中，可以看到股价涨幅不会低于指数，股价涨幅短线收窄期间，就会出现买点机会。

股价冲高回落后，价格短线靠近指数，是背离回调的买点机会。股价回调后，价格涨幅靠近指数，在股价回调期间可以买入股票。从持股成本看，虽然没能在股价飙升的起始点持股，但是价格回调期间，回升趋势得到确认，背离买点提供的盈利机会更加可靠。

（1）形态特征

①股价与指数背离后回落：股价与指数背离后，股价呈现出强势运行的

特征，这时价格回调提供的买点不容忽视。股价短线回落，涨幅依然大于指数，表明价格加速回升前，买点始终存在。

②价格回调后出现反弹：股价与指数背离上涨期间，短线价格会出现回调。在更长的交易时段里，价格能够有更好的表现。价格涨幅靠近指数后，很快会出现反弹，这是短线买入的交易信号。如果在价格回调期间介入，持股成本相对较低，有助于今后实现更高的盈利。

③高价区的回调买点依然存在：在股价回升期间，价格上涨到一定高位后回调靠近指数。再次出现回调时，股价依然靠近指数，这是比较典型的买点机会。确认高价区股价回调买点非常重要，这是股价飙升前的追涨机会。

（2）操作要领

①从股价与指数背离后的回落走势来看：如图 2-7 所示，价格冲高回落期间，M 位置的低价区买点不容忽视。

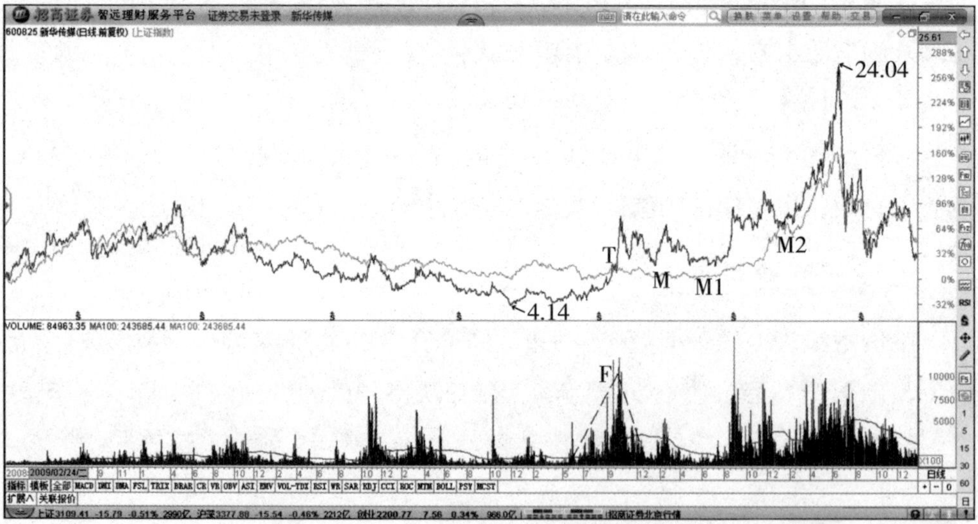

图 2-7　新华传媒（600825）和上证指数收盘线叠加图（二）

②从回调后价格出现反弹来看：价格回调至 M 位置后，短时间内很快出现反弹。股价第二次回调时，M1 位置的买点依然存在。

③从高价区的第二次回调买点来看：随着股价涨幅扩大，价格冲高回落

期间的 M2 位置依然存在买点。M2 位置股价与指数靠近，即便如此，股价走势依然强于指数，M2 位置的买点可以视为追涨交易机会。

④股价表现出强势运行特征后，价格走强需要时间。图中股价在 M 和 M1 位置的调整中，可以认为是背离后的典型追涨机会。

（3）小结

当股价表现出强势特征后，价格与指数背离，买点始终存在于股价短线回调阶段。即便股价涨幅扩大，价格涨幅超过指数，在股价回调靠近指数的过程中，仍然会出现买点机会。

第 4 节　弱势背离买点解读

股价从低价区回升后，价格与指数背离期间，股价表现比较弱势。即便如此，价格依然能够在涨幅上超过指数，股价涨幅超过指数的背离形态提示买点信号。通常来说，长期熊市期间，股价与指数表现都比较弱势，在弱势情况下出现背离，这一点也不容忽视。

1. 背离突破的追涨买点

价格在低价区运行期间，股价弱势运行特征比较明显。在低价区，即便出现放量的情况，股价也不会轻易出现明显的上涨。脉冲量能持续时间较短，这是限制股价涨幅的原因。随着量能持续放大，股价在低价区开始走强。即便股价在弱势运行期间涨幅不大，如果价格表现超过指数，那么相应的买点机会依然不容忽视。股价涨幅超过指数后，价格单边回升趋势就会得到加强。

（1）形态特征

①低价区出现脉冲量能：低价区出现脉冲量能时，股价已经出现企稳的征兆。脉冲量能短时间放量效率较高，这是主力投资者主动建仓的结果。

②股价放量回升至指数上方：股价放量回升到指数上方后，量能上显示

出主力介入更加明显，这是股价进一步上涨的机会。

③涨幅不高却形成背离买点：成交量有效放大，推动股价短线回升。即便股价涨幅不大，如果价格涨幅超过指数，依然可以认为出现了背离信号。弱势背离期间，价格距离回升更进一步，买点机会就出现在背离期间。

（2）操作要领

①从低价区出现脉冲量能来看：如图 2-8 所示，脉冲量能出现在 M、M1 和 M2 位置，表明低价区明显出现主力建仓信号。由于股价不高，使得主力有足够的动力吸筹买入股票，筹码进一步向主力集中。

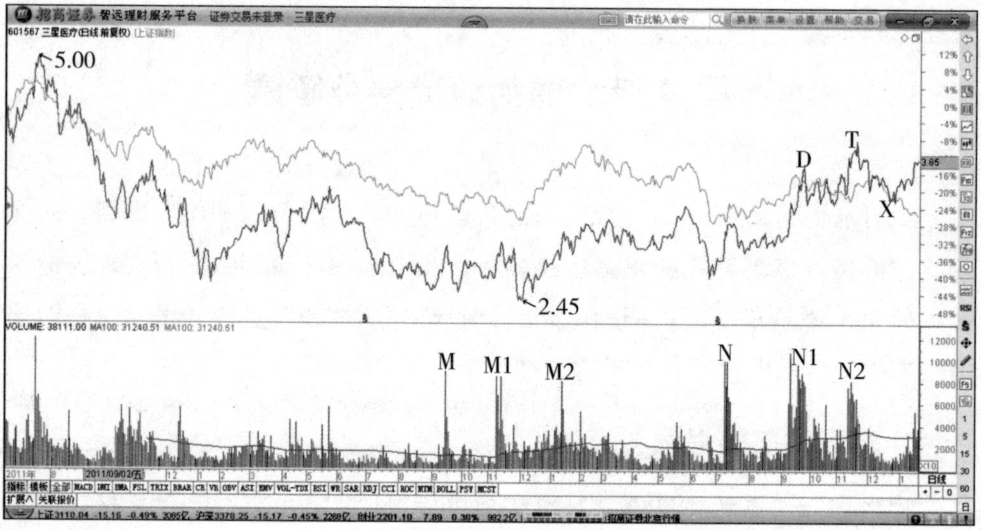

图 2-8　三星医疗（601567）和上证指数收盘线叠加图（一）

②从股价放量回升至指数上方来看：当 N、N1、N2 位置的量能有效放大后，股价回升至 D 位置的高价区，期间股价表现强于指数。

③从涨幅不高却形成背离买点来看：股价在图中 D 和 T 位置涨幅明显高于指数，表明股价与指数形成背离，这是看涨信号。

④股价涨幅超过指数后，股价表现并不十分强势，但价格已经处于指数上方。图中 X 位置股价再一次靠近指数，成为背离后不错的买点。

（3）小结

股价表现强于指数，是背离买点信号。价格涨幅超过指数的次数越多，经过确认的背离买点越准确。

2. 背离回调的抄底买点

当股价与指数弱势背离后，价格表现强势，使得低价区股价涨幅超过指数后的回调买点出现。随着调整的进行，低价区的买点机会还是比较多的，投资者有足够多的机会利用价格弱势运行的机会低价建仓。股价涨幅超过指数后，这种背离提供的买点比较低，在这期间买入并持有股票，接下来的盈利空间会比较大。特别是牛市行情中股价加速上行后，坚持持股可以获得翻倍收益。

（1）形态特征

①价格多次反弹上涨：价格涨幅超过指数后，背离提示的买点机会出现。这时，持股收益机会也在增加。只是短期来看，股价涨幅会受到抑制，真正的盈利空间还没有打开。

②股价最后一次缩量回调靠近指数：股价涨幅超过指数后，从涨幅看，股价频繁回调到指数附近。股价最后一次缩量回调至指数附近时，股价与指数之间会保持一定距离，这是股价走强前的买点信号。

③背离建仓后盈利 200% 以上：价格最后一次回调靠近指数后，低价区买点出现。在这个时候买入并持有股票，后期可以盈利 200%。

（2）操作要领

①从价格多次反弹上涨来看：如图 2-9 所示，价格涨幅超过指数后，图中股价在 D、T、T1 位置的表现明显强于指数。

②从股价最后一次缩量回调靠近指数来看：股价回调至 X1 位置的低点期间，W 位置的量能明显低于 100 日等量线，显示价格走势非常弱。可以确认的是，在量能较低的情况下，买点出现在 X1 位置。

③从背离建仓后盈利 200% 以上来看：最后一次明显的缩量出现在 W

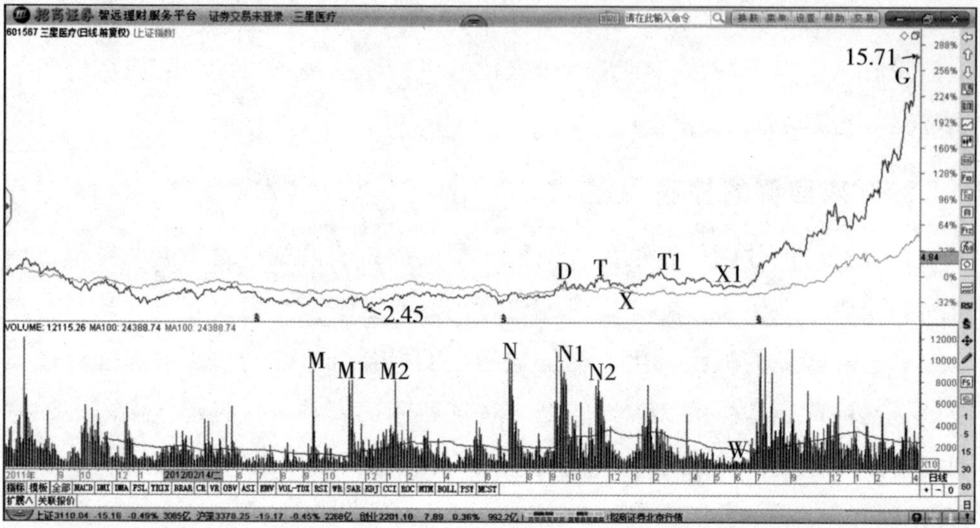

图 2-9　三星医疗（601567）和上证指数收盘线叠加图（二）

位置之后，如果这个时候已经持股，之后价格飙升至 G 位置时，收益会超过 250%。

④股价与指数背离后，价格并不会轻松进入明显的回升趋势。图中股价在 X 和 X1 两个位置回调后，该股才真正进入加速回升阶段。利用背离买入股票，会有较多的获利机会。

（3）小结

价格与指数背离期间，该股涨幅虽然不高，但提示的买点不容忽视。长期熊市中，股价与指数的波动幅度都不是很大。低价区出现背离后，可以认为是典型的看涨信号。价格运行在指数上方时间较长，提示的买点不断得到确认。

第 5 节　强势背离卖点解读

股价经历牛市行情后，股价实现了较大的涨幅。这时，价格高位的典型反转形态可以提示卖点信息。特别是股价快速反转并在跌幅上超过指数后，股价的下跌节奏会加速。个股在跌幅上超过指数，提示了快速背离的卖点信息。如果投资者此时采取行动，那么卖掉股票后能够明显减少亏损。

1. 背离突破卖点

股价见顶后，股价下跌并与指数明显背离，是强势背离的卖点信号。股价跌幅明显超过指数前，可以看到股价下跌加速，该期间典型的抛售机会出现在价格高位。

高位出现明显的背离形态期间，收盘价显示股价跌幅很大，股价走弱信号清晰。背离不仅是个股反转走势，如果指数在这个过程中也回调，那么个股的下跌速度会更快，股价与指数之间出现强势背离特征，接下来持币观望是最好的策略。

（1）形态特征

①价格在高位结束连续放量：股价连续放量回升期间，价格处于高位运行状态。在量能无法放大的情况下，卖点很快就会出现。

②成交量快速萎缩：在成交量集中放大后，筹码转移速度很快，于是很快就会出现顶部反转形态。如果放量结束后量能萎缩速度也很快，那么可以认为是股价缩量下跌的信号。前期量能放量越明显，缩量后价格下跌空间也会越大。

③从跌幅上看股价与指数形成背离：与指数相比，如果股价跌幅明显超过指数，这是股价与指数背离的卖点信号。股价高位反转期间，这是与指数背离的卖点，显然不容忽视。

（2）操作要领

①从价格在高位结束连续放量来看：如图 2–10 所示，股价在牛市行情中加速回升，顶部 G 的出现，便是股价加速回升的结果。与 G 位置对应的 G1 和 G2 位置依次形成，同时，成交量也连续增加。成交量放大到 J 位置的高点时，出现缩量信号。

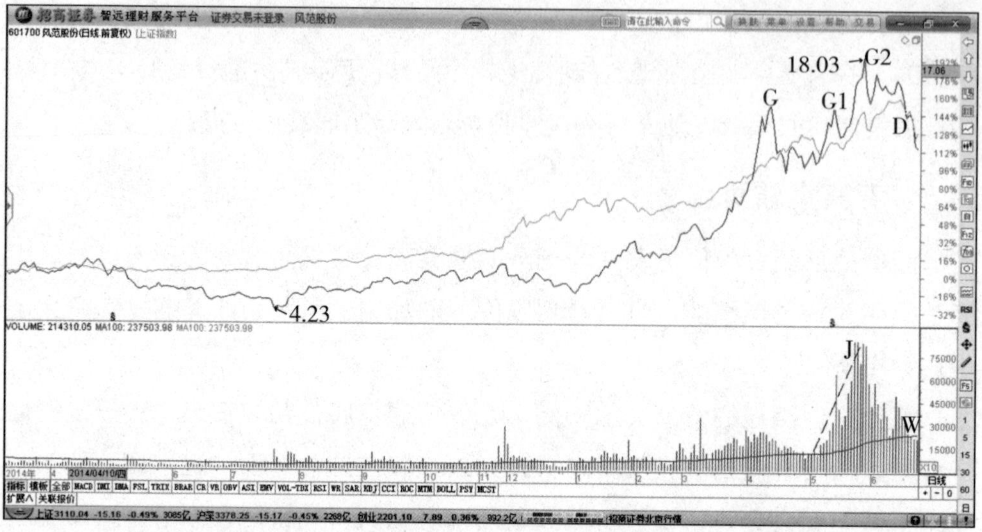

图 2-10　风范股份（601700）和上证指数收盘线叠加图（一）

②从成交量快速萎缩来看：虽然 J 位置的量能很大，但成交量萎缩的速度也很快，使得股价顶部得以确认。成交量快速接近 100 日等量线时，股价也在 G2 位置开始见顶回落。

③从跌幅上看，股价与指数形成背离：图中股价在 D 位置跌幅明显超过指数，发出了明确的看跌信号。随着背离的发展，价格在跌幅上相比指数进一步扩大，这时抛售机会得以确认。

④成交量从天量萎缩到低于 100 日等量线的 W 位置时，该股缩量速度很快。股价加速与指数背离期间，背离抛售机会得到确认。

（3）小结

股价与指数强势背离下跌后，股价这种大涨后的下跌会成为进一步回落的起始形态。随着跌幅不断扩大，价格下跌期间的有效卖点就在背离后形成。

2. 背离反弹卖点

股价与指数背离期间，价格已经确认了高位反转形态。这时，股价进一步下跌的空间还很大。如果之后出现技术性反弹走势，那么投资者要利用好高抛交易机会，选择恰当的卖点来减少持股。

股价与指数叠加图中，价格反弹靠近指数期间，差距快速收窄。这时，典型的高价区卖点得到确认。在股价反弹靠近指数期间减少持股，这是比较好的卖点。随着反弹的结束，收盘价会再次出现新低，因此反弹期间的高位卖点不容忽视。

（1）形态特征

①股价经历深度回落：股价与指数出现高位背离形态后，价格下跌趋势得到确认。如果这时卖掉股票，那么就不会在价格深跌期间遭受损失。

②反弹期间股价靠近指数：股价反弹过程中，价格接近指数，这是非常典型的卖点信号。反弹过程中，股价涨幅会明显受限，价格接近指数期间，高抛卖点就是减少持股的机会。

③量能有限放大提示卖点：价格反弹期间，成交量较难出现放大信号。成交量接近 100 日等量线，已经是短线量能的最高数值。股价结束反弹，与量能不能继续回升有关。

（2）操作要领

①从股价经历深度回落来看：如图 2–11 所示，图中 W 位置成交量明显萎缩后，股价经历深度杀跌。这段下跌期间，股价跌幅超过 50%，这是非常典型的大幅调整。

②从反弹期间股价靠近指数来看：价格反弹至 M 位置的高位期间，从涨幅表现来看，股价非常接近指数收盘点位。股价没有继续向上拉升的基础，卖点就出现在 M 位置对应的价格高位。

③从量能有限放大提示卖点来看：图中 W1 位置成交量虽然出现放大，但量能无法达到 100 日等量线上方。短暂的放量结束后，股价弱势运行的特征没有改变。

④股价与指数一旦背离，价格不仅从 D 位置开始杀跌，在接下来的一年时间里，股价表现都比较弱。期间高位减仓的机会会不断出现，关键是要把握好与 M 和 M1 类似的卖点。

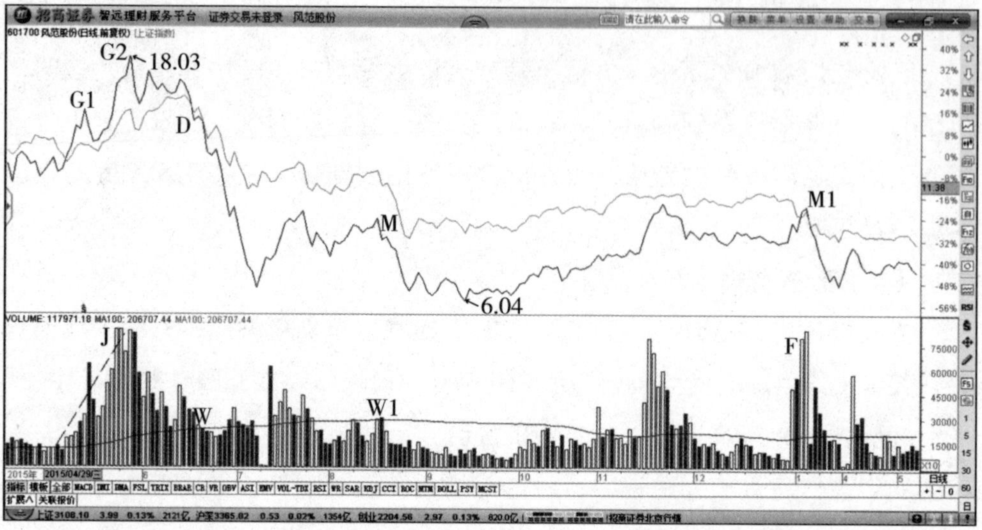

图 2-11　风范股份（601700）和上证指数收盘线叠加图（二）

（3）小结

在股价与指数背离后的下跌趋势中，W1 位置的量能放大有限，股价反弹结束后，收盘价出现新低。图中 F 位置量能较大，股价反弹后在 M1 位置接近指数。背离后股价维持弱势格局，在熊市阶段采取持币策略，能够控制交易风险。

第 6 节　弱势背离卖点解读

股价走势强于指数的情况下，价格在回升趋势中涨幅不断扩大。只要量能没有出现萎缩，股价上涨趋势就不会结束。但是股价涨幅过高时，成交量会进入收缩态势，价格也会在高位形成弱势反转形态。这期间，高位典型卖点机会不容忽视。只要能够在价格高位回落时卖掉股票，就不会因为股价回调而遭受亏损。

1. 背离突破杀跌卖点

股价进入牛市行情后，如果是小盘强势股票，那么价格上涨潜力会非常惊人。即便股价回升速度不是很快，在涨幅上也能远高于指数。这时，投资者可以根据叠加图中股价和指数的关系，来判断股价走势的强弱。

股价在高价回升速度减弱时，股价和指数之间的距离维持在较低水平。这期间，如果股价下跌幅度超过指数，那么下跌过程中的典型背离形态就会得到确认。随着股价跌幅不断扩大，下跌趋势中的交易机会不断出现。

（1）形态特征

①股价经历牛市飙升阶段：在牛市行情中，价格回升空间较大。股价快速飙升后，股价会出现走弱的迹象。

②价格与指数弱势重合：在价格回升速度减慢后，股价与指数的叠加图中，两者会出现重合的情况，这表明叠加图中股价随时可能出现跌幅超过指数的情况。这种情况一旦出现，相应的卖点即得到确认。

③弱势背离卖点出现：价格与指数重合前，股价涨幅过高。相应地，高价区卖点出现时，股价涨幅已经弱于指数。以涨幅百分比为纵坐标的图中，股价跌破指数后，价格在下跌趋势中加速下挫，卖点得到确认。

（2）操作要领

①从股价经历牛市飙升阶段来看：如图 2–12 所示，股价在 L 阶段明显加速回升，经历了牛市中的飙升阶段。L1 位置价格拉升速度减弱，但也是比较有效的飙升阶段。

②从价格与指数弱势重合来看：股价经历 L1 位置的飙升走势后，图中 N 位置，价格已经与指数重合，表明股价回升趋势明显减弱。G 位置股价高位运行，提示弱势状态下的卖点机会出现。

③从弱势背离出现卖点来看：成交量持续萎缩至 W 位置后，量能明显低于 100 日等量线，意味着背离卖点已经出现。D 位置价格跌破指数，股价与指数背离卖点得到确认。

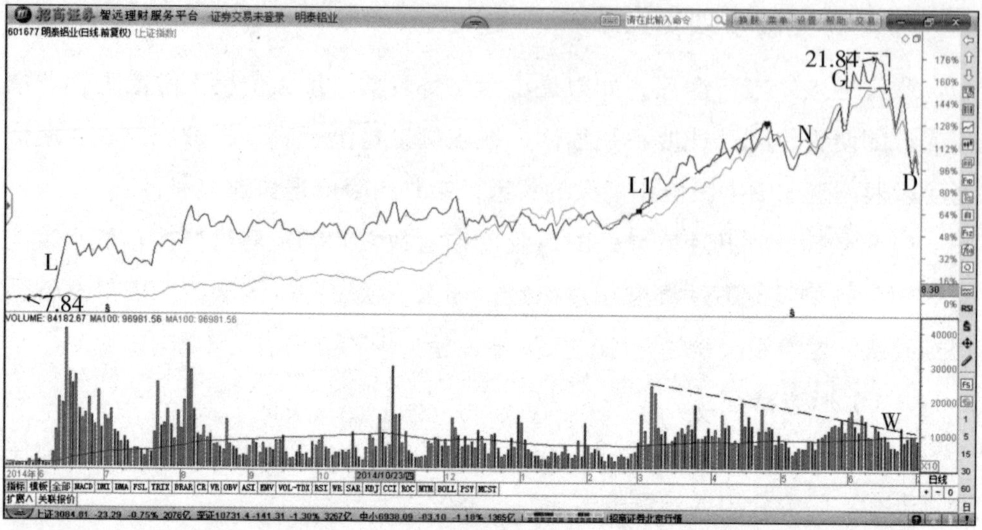

图 2-12 明泰铝业（601677）和上证指数收盘线叠加图（一）

④股价从 L1 位置开始与指数同步上升，但价格明显穿越指数是从图中 D 位置开始的。D 位置是该股弱于指数的背离形态出现的位置，同时也是抛售股票的主要机会。

（3）小结

股价大幅飙升后，价格在高价区弱势运行，这是比较典型的看跌信号。股价一旦跌破指数，这时股价与指数就形成背离，这是价格加速回落前的卖点信号。

2. 背离反弹逃顶卖点

一旦股价在高价区与指数背离，股价率先进入下跌趋势，卖点很快就会得到确认。如果这时采取行动，还不会出现太大的损失。随着熊市的不断发展，在下跌趋势中，价格跌幅也在不断扩大。从交易机会来看，价格反弹并达到指数附近时，短线抛售机会依然存在。成交量未达到地量时，这种反弹会使股价有较大的上涨空间，借反弹卖掉股票是能挽回一些损失的。

（1）形态特征

①股价深度回调：股价深度回调期间，跌幅快速扩大，典型的反弹走势

很快会出现在超跌之后。

②出现相对放量反弹走势：出现相对放量反弹走势后，形成价格高位卖点。量能相对放大，推动股价反弹并接近指数，高抛卖点就在此时形成。

③价格出现收盘价新低：反弹改变了价格下跌的节奏，但反弹结束后，股价会出现收盘价新低。从持股的亏损程度看，股价与指数高位背离后，价格跌幅可以达到 50% 以上。

（2）操作要领

①从股价深度回调来看：如图 2–13 所示，首次高位背离后股价深度下跌，图中 W 位置量能持续萎缩，成交量明显低于 100 日等量线时，股价已有较大跌幅。

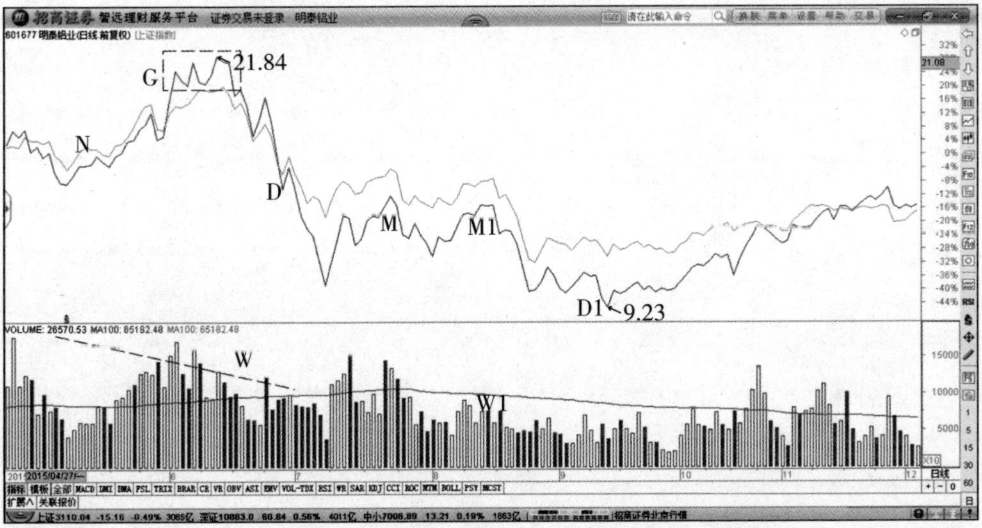

图 2–13　明泰铝业（601677）和上证指数收盘线叠加图（二）

②从出现的相对放量反弹走势来看：技术性反弹过程中，该股达到 M 和 M1 位置的高点。M 和 M1 接近图中指数点位，这是股价反弹见顶的重要信号。

③从价格出现收盘价新低来看：随着股价收盘出现新低，股价收盘达到图中 D1 位置的底部区域，跌幅超过 50%，可见股价与指数背离期间出现的高抛卖点是值得高度关注的。

④股价从G位置下跌至D1位置，持续时间仅为4个月，可见股价与指数背离的卖点稍纵即逝。把握好图中D、M和M1位置的卖点，可以很好地降低亏损。

（3）小结

虽然股价与指数高位弱势背离，但背离期间的卖点非常明显，高抛交易机会不容忽视。利用好高抛时机，能及时把握住背离阶段的减仓卖点。

第 3 章
从价格背离入手——MACD 背离形态确认

在背离交易系统中，确认个股与指数背离后，接下来就可以按照MACD指标的背离形态进一步确认交易机会。MACD 指标背离提示均线走向的变化，这是个股的交易机会。如果 MACD 指标与股价背离，表明均线已经出现调整的迹象，揭示出股价进入反转形态的形成阶段。

MACD 指标与股价背离，投资者可以从价格方面确认交易机会，这对于把握好反转机会非常重要。MACD 指标提示的背离更加直观地显现了买卖时机，可以在行情转变前就采取行动，以便获得最佳投资效果。

第 1 节　MACD 指标概述

MACD 指标又叫指数平滑异同移动平均线，该指标从双均线衍生出来。如果用快的移动平均线减去慢的移动平均线，就得到 MACD 指标。MACD 指标的指示意义和长短周期不同的两条移动平均线意义相似。不过，MACD 指标能够更直观地反映价格走势，提示波段行情的买卖时机。

当 MACD 指标线从 0 轴线下方回升到 0 轴线上方时，是买涨信号。当 MACD 指标线从 0 轴线上方回落至 0 轴线下方时，则是卖出股票的信号。同一张 K 线图中，MACD 指标变化的角度越大，表明行情转变的速度越快，短线买卖股票时获得的投资效果越好。

1.MACD 指标计算方法

12 日移动平均线和 26 日移动平均线分别是快速移动平均线和慢速移动平均线。MACD 指标的计算方法，首先是要确认 12 日移动平均值（简称 EMA12）与 26 日移动平均值（简称 EMA26）。DIFF 的数值，即为 EMA12 与 EMA26 之间的差值。

价格回升期间，DIFF 数值不断增加，显示出 12 日移动平均线与 26 日移动平均线之间的距离增加，价格回升趋势更加明显。下跌趋势中，12 日移动平均线与 26 日移动平均线之间的距离加大，负的差离值 DIFF 越来越向下回落。

其公式如下。

12 日 EMA 的计算：EMA12 = 前一日 EMA12×11/13 + 今日收盘×2/13。

26 日 EMA 的计算：EMA26 = 前一日 EMA26 × 25/27 + 今日收盘 × 2/27。

离差值 DIFF 的计算：DIFF = EMA12 – EMA26。

根据离差值计算其 9 日的 EMA，即离差平均值，就是所求的 MACD 值。为了不与指标名混淆，该值又名 DEA 或 DEM。

今日 DEA = 前一日 DIFF × 8/10 + 今日 DIFF × 2/10

其中，DEA 为 DIFF 线的平均数值，是利用计算移动平均线的方法得出的 DIFF 的平均移动数值。

最后，可以用 DIFF 数值减去 DEA 数值，得到 MACD 指标的柱线数值。MACD 指标柱线的数值是围绕 0 轴线运行的。该数值回升和上涨，表明 DIFF 线移动方向和移动速度快慢，用于判断指标移动过程中的交易信号。

2.MACD 指标基本用法

用 MACD 指标来描述均线指标，该指标的运行情况体现了不同周期两条均线的相对变化，这是判断交易机会的重要信号。MACD 指标的用法多种多样，基本的用法涉及 MACD 指标线的金叉形态、死叉形态，DIFF 线相对于 0 轴线的突破，以及 MACD 指标柱线的回升和下跌形态等。

此外，MACD 指标的 DIFF 线和柱线的背离也是需要关注的重点。MACD 指标柱线背离期间，形成趋势逆转前的交易机会。确认趋势逆转的交易时机很重要，能使投资者在价格反转前发现交易机会，并据此采取行动。

（1）形态特征

①高位死叉卖点形态：股价涨幅过高时，MACD 指标的 DIFF 线表现为反转形态，DIFF 线回落并跌破 DEA 线，是死叉确认的过程，同时也是判断股价见顶的卖点机会。

②低位金叉买点形态：股价回调下来后，DIFF 线早已经处于 0 轴线下方。这时，DIFF 线已经在低位运行，如果 DIFF 线向上穿越 DEA 线，那么形成的金叉买点可以作为建仓的依据。

③ MACD 柱线背离形态：MACD 柱线的背离形态可以清晰地提示价格反转，特别是股价已经在单边趋势中运行较长时间后，背离期间提示的交易信号成功率很高。如果在背离的时候采取行动，将不会错过最佳的交易机会。

（2）操作要领

①从高位死叉卖点形态来看：如图 3–1 所示，随着股价开始反转，DIFF 线在 S 位置跌破了 DEA 线，同时股价以连续两个一字跌停板进入下跌趋势中。这样看来，股价表现已经很弱势，死叉提示的交易信号成为很好的逃顶机会。

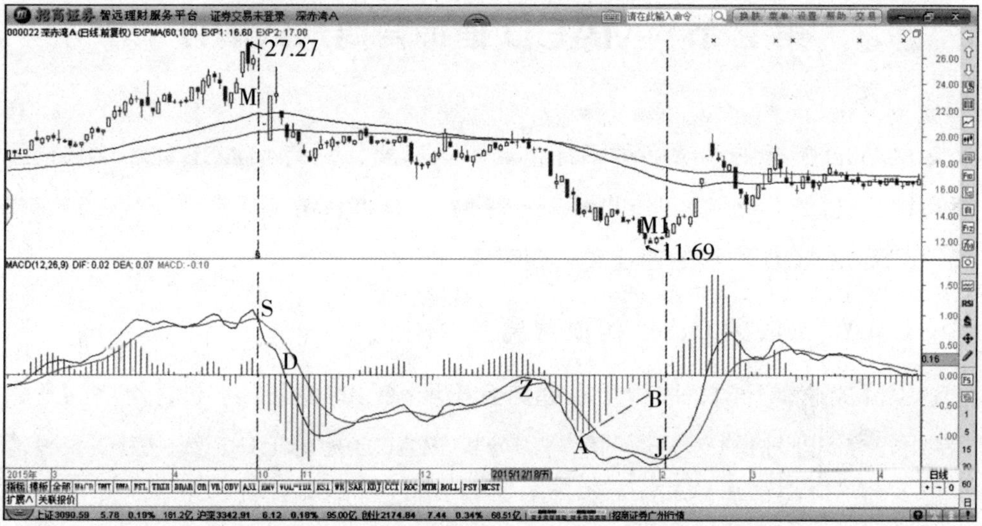

图 3–1　深赤湾 A（现名招商港口，001872）日 K 线图

②从低位金叉买点形态来看：在 DIFF 线回落的过程中，DIFF 线短线反弹至 Z 位置。在下跌趋势中，DIFF 线不会轻易突破 0 轴线，这样一来，Z 位置对应的价位自然是一个卖点。DIFF 线在 J 位置形成金叉形态，对应的 M1 位置是买点信号。

③从 MACD 柱线背离形态来看：MACD 指标的柱线在 0 轴线下方时，柱线从 A 处反弹至 B 位置的相对高位，这是股价低位企稳的信号。同时，股价在 M1 位置达到收盘价新低，柱线与股价底部背离提示买点机会。

④图中 MACD 指标的柱线从 A 处回升到 B 位置，这是柱线与股价的背离形态，虽然背离间隔时间不长，但股价大跌后，背离提示的买点值得关注。

（3）小结

MACD 指标的用法中，以指标线金叉和死叉形态为典型的交易信号。MACD 指标双线以及柱线背离形态，是两种确认价格反转的形式。很多时候，金叉和死叉提供的交易机会可靠性不高，背离则不同。按照 MACD 指标背离来买卖股票，成功的概率会更高。

第 2 节　MACD 指标背离形式解读

MACD 指标的用法多种多样，具体到背离，则有 MACD 指标 DIFF 线背离和柱线背离。继续细分的话，还有 MACD 指标的 DIFF 线顶背离和底背离，以及 MACD 柱线的顶背离和底背离。

1.MACD 指标 DIFF 线顶背离

股价加速飙升时，股价上涨趋势会出现减弱的迹象。不过，价格回升趋势减弱，并非股价真正见顶的信号。分析 MACD 指标 DIFF 线的表现，股价见顶之前，一般首先是 DIFF 线开始回落。随着 DIFF 线跌幅扩大，股价高位背离形态得到加强。如果是典型的背离走势，那么 DIFF 线与股价出现一次顶背离，卖点信号就可以得到确认。当然，如果出现两次以上背离，那么股价高位反转的可能性更大，卖掉股票的交易效果更加理想。

（1）形态特征

①股价在价格高位第二次飙升：股价经历加速回升行情后，在高位区域再次出现飙升行情，期间抛售压力增加，此时虽然收盘达到新高价位，但相对于前期高点涨幅不大。

② DIFF 线背离回调：在价格回升期间，MACD 指标的 DIFF 线反弹幅

度不高，并未与股价同步达到新高，这就提示了背离卖点信号。DIFF 线与股价背离越明显，股价越容易见顶。

③成交量萎缩至 100 日等量线下方：成交量低于 100 日等量线，使得股价强势运行的局面难以持续。特别是在 MACD 指标与股价高位背离的情况下，成交量低于 100 日等量线后，价格会在高位转入下跌趋势。

（2）操作要领

①从股价在高位第二次飙升来看：如图 3–2 所示，股价连续涨停阶段，收盘价达到图中 B 位置，高于前期收盘价 A 位置。

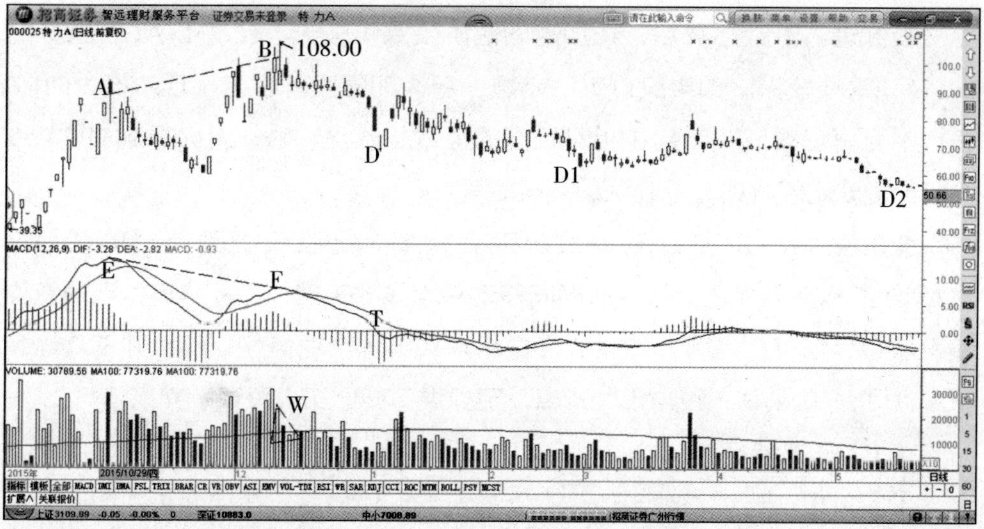

图 3–2　特力 A（000025）日 K 线图

②从 DIFF 线背离回调来看：股价反弹期间，MACD 指标的 DIFF 线达到 F 位置，F 位置明显低于 E 位置，是 DIFF 线与股价高位背离的信号。随着背离的确认，该股上涨已经接近尾声。

③从成交量萎缩至 100 日等量线下方来看：图中量能在 W 位置明显萎缩至 100 日等量线下方。在背离后量能萎缩的情况下，股价进入缩量回调趋势。随后，DIFF 线在 T 位置跌破 0 轴线，股价加速下跌期间出现了 D 位置的首个底部形态。

④ MACD 指标 DIFF 线与股价顶背离后，在下跌趋势中，股价不断出现收盘价新低。背离确认的股价下跌趋势是中长期的，接下来图中 D1 和 D2 位置都出现了收盘价新低。

（3）小结

牛市行情中，股价经历连续涨停的暴涨阶段，典型的高抛卖点从 MACD 指标背离回落时开始出现。指标与股价背离形态很容易确认，最典型的交易机会就出现在背离的那一刻。

2.MACD 指标 DIFF 线底背离

股价进入下跌趋势后，在加速回落阶段跌幅较大，使得 MACD 指标的 DIFF 线跌幅较深。如果股价下跌趋缓，那么即便股价收盘出现新低，DIFF 线也不会再创新低，而是在相对较高的位置止跌。这时，就会看到 DIFF 线与股价形成底部背离，是确认的买点信号。

低价区 MACD 指标与股价出现底背离，是股价下跌趋缓的信号。MACD 指标用来描述指数平滑异同移动平均线的表现，指标背离体现的是均线发散趋势结束。这时，如果价格止跌并且出现企稳信号，那么并不奇怪。MACD 指标的 DIFF 线与股价背离，则提供了低价买入股票的交易信号。

（1）形态特征

①股价出现连续杀跌走势：股价进入下跌趋势后，在加速杀跌期间出现暴跌走势，这时，MACD 指标会跟随股价回落，DIFF 线在 0 轴线下方深度调整。

②股价反弹后再创新低：股价跌幅较大时，量能出现放大的情况，使得股价进入反弹状态。反弹结束后，随着成交量再次缩量，股价依然会出现新低价位。

③ DIFF 线在相对高位触底：DIFF 线在相对高位触底时，与创新低的收盘价形成背离。背离形态提示股价下跌到位，比较好的买点就出现在背离的那一刻。

（2）操作要领

①从股价出现连续杀跌走势来看：如图 3–3 所示，股价在 G 位置见顶，接下来该股深度下跌 60% 以上，并且在 D 位置出现反弹。

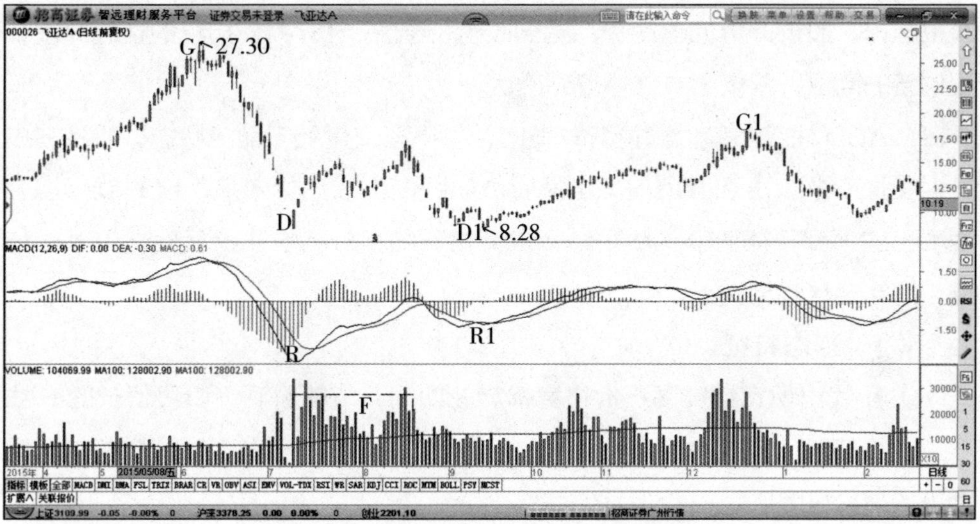

图 3–3　飞亚达 A（000026）日 K 线图

②从反弹后股价再创新低来看：价格在 D 位置触底后，接下来在 D1 位置股价出现收盘价新低。虽然 D1 位置相对 D 位置跌幅不大，但收盘出现新低的下跌风险不容忽视。

③从 DIFF 线在相对高位触底来看：DIFF 线在图中 R1 位置成功触底，R1 位置明显高于 R 位置，证明 DIFF 线先于股价触底，已经出现 MACD 指标与股价的背离形态，比较典型的买点机会出现在图中 D1 位置。

④股价跌幅很大，连续下跌 60% 以上的情况下，股价弱势下跌期间，MACD 指标与股价底部背离。确认股价超跌后的背离形态非常重要，使得投资者能够把握图中 D1 位置的低价买点。价格回升至 G1 位置的高位后，盈利超过 70%。

（3）小结

股价进入熊市后，价格在暴跌后进入超跌，MACD 指标与股价背离提示超跌买点，最佳买点与背离形态同步形成。

3.MACD 指标柱线顶背离

股价连续拉出阳线形态后，在回升趋势中加速上涨，这时价格已经属于高位运行。股价冲高回落企稳后达到收盘价新高，MACD 指标的柱线却没有达到新的高位，背离卖点信号得到确认。

MACD 柱线与股价高位背离期间，如果成交量处于缩量状态，投资者应及时卖掉股票。出现背离前，虽然股价已经创出收盘价新高，但 K 线形态上表现出的顶部特征值得关注。结合成交量萎缩和价格在高价区宽幅震荡的特征，能够确认背离卖点。

（1）形态特征

① K 线出现宽幅震荡：价格宽幅震荡期间，能够看到下影线很长的 K 线形态。虽然股价收盘跌幅不大，但是下影线很长，意味着逃顶资金增加，股价进入高价风险区。

②成交量萎缩低于 100 日等量线：量能低于 100 日等量线的情况下，积极买入股票的资金数量减少，使得股价维持高位运行的可能性大幅降低。

③ MACD 柱线背离回落：MACD 指标柱线反弹空间缩小时，虽然股价收盘达到新高，但 MACD 柱线并未达到新高。柱线与股价高位背离，出现提示性卖点。

（2）操作要领

①从 K 线出现宽幅震荡来看：如图 3–4 所示，股价在 G 位置见顶后回落，价格企稳回升期间，图中 E 和 F 位置的 K 线下影线非常长，这是股价加速上涨期间从未有过的情况。虽然这两日的收盘价表现较好，但依然认为这是股价上涨乏力的信号。

②从成交量萎缩低于 100 日等量线来看：成交量在 W 位置低于 100 日等量线，使得股价上涨动力减弱。通常情况下，成交量萎缩低于 100 日等量线，是股价无法继续回升的信号，这种提示高位反转的信号不容忽视。

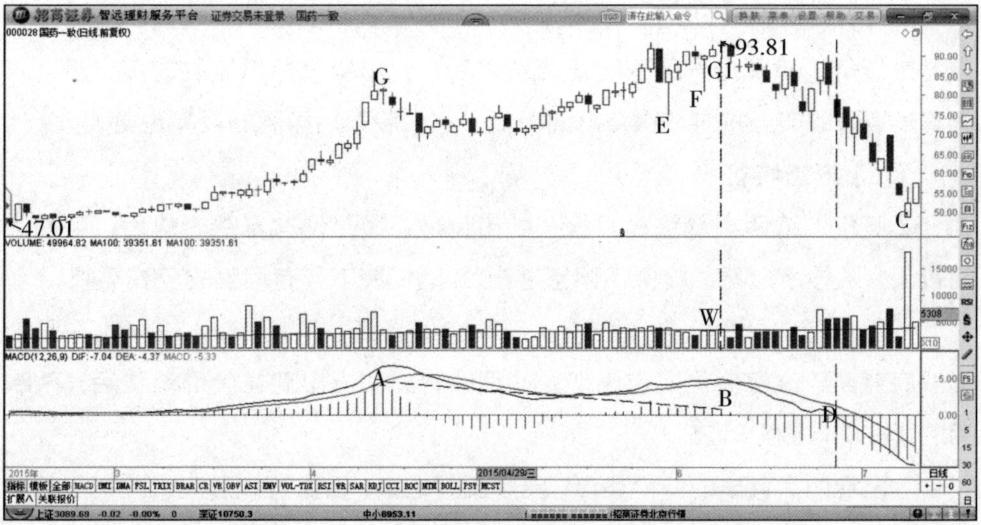

图 3–4 国药一致(000028)日 K 线图

③从 MACD 柱线背离回落来看：进一步的反转信号出现在 MACD 指标中，图中 MACD 柱线从 A 回落至 B 位置的相对低位，这与股价收盘价达到 G1 位置的新高形成背离。背离提示的卖点很快得到确认，这时减仓数量可以达到 80% 以上，这样才能更好地应对股价回落的走势。

④图中 MACD 柱线从 A 位置开始回落，这个回落过程持续时间较长。图中 B 位置只是柱线回落的一个阶段，背离卖点在 B 位置得到确认。

(3)小结

MACD 指标柱线与股价形成顶背离期间，根据量能萎缩和价格波动强度，能够进一步验证顶部形态。价格进入下跌趋势后，该股回落的速度很快。

4.MACD 指标柱线底背离

在价格回落期间，MACD 柱线率先回升，柱线回升提示的交易信号成为买入股票的很好机会。如果这样的背离提示效果理想，那么持股状态下具有较大的收益空间。柱线背离形态提示了新低价位的买点机会，需要在背离的那一刻采取行动，以尽量获得廉价筹码。

MACD 柱线与股价首次出现底背离后，买点得到确认。这样的买点不一定是最低价，特别是出现两次背离形态后，会出现价格更低位的买点。第二次背离提供的买点相对首次背离时更低，买入股票后盈利的空间也更大。

（1）形态特征

①股价连续两次暴跌：股价在牛市见顶，经过两次暴跌走势后，下跌空间较大。从技术上看，股价跌幅超过 50% 的情况下，有很强的反弹需求。

②出现首次低价买点：股价出现收盘价新低，同期 MACD 柱线与股价形成底背离，价格低位买点出现。典型的背离买点出现在股价杀跌后，杀跌后的背离买点最为可靠。

③出现两次背离的低价买点：随着反弹结束，首次背离后股价冲高回落，接下来还会出现收盘价新低。MACD 柱线出现收盘价新低期间，如果投资者继续买入股票，则是又一次低价建仓的好机会。

（2）操作要领

①从股价连续两次暴跌来看：如图 3–5 所示，股价在最高价 84 元见顶后，价格杀跌至图中 M 位置的 40 元，跌幅高达 52%。接下来股价继续下跌至 M1 位置的 26 元低点，股价更是实现了 69% 的跌幅。

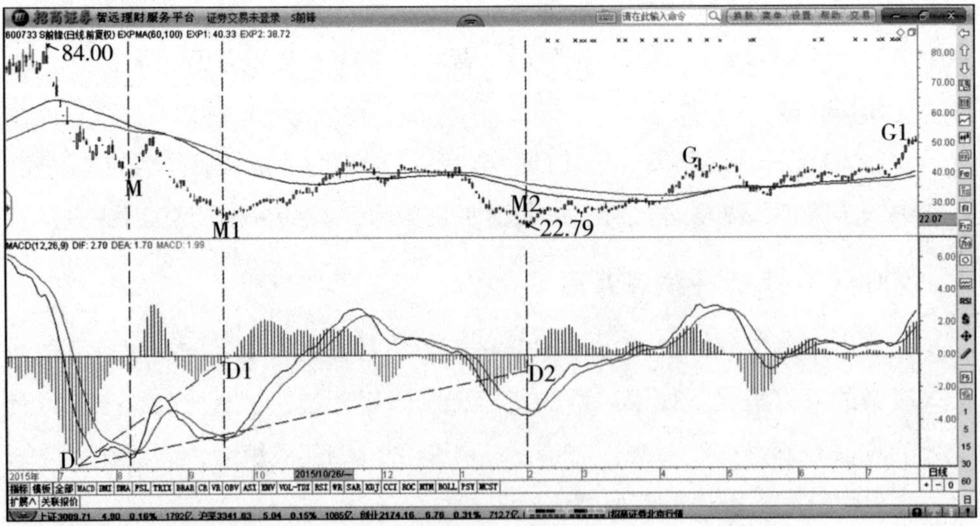

图 3–5　S 前锋（现名北汽蓝谷，600733）日 K 线图

②从首次出现低价买点来看：图中 M1 位置股价出现收盘新低，同时可以看到 MACD 柱线从 D 回升至 D1 位置，柱线和股价形成底背离。底背离是在股价跳空下跌至 M1 位置时形成的，这种低价买点非常有效。

③从第二次出现背离低价买点来看：股价下跌趋势并没有因为首次背离而结束，该股随后继续下跌至 M2 位置。从图中可以看到，MACD 指标柱线在 D2 位置明显高于 D 位置，这是第二次背离的买点信号。

④ MACD 指标柱线与股价第二次背离期间，价格都出现了反弹走势。第二次反弹后股价涨幅更大，股价从 M2 位置反弹至 G 和 G1 位置时，涨幅分别达 82% 和 117%。

（3）小结

股价加速杀跌期间，MACD 指标柱线的回落空间很大。接下来股价下跌趋缓，柱线很难达到更低的位置，所以股价产生收盘价新低期间出现背离买点。

第 3 节　回升趋势局部背离形态

在价格回升阶段，指标与股价出现顶背离形态。这期间的背离中，股价进入短期回调状态。背离引起股价短线下跌，这只是局部调整阶段应有的走势，但股价回调到位后，会很快企稳。如果投资者需要兑现收益，那么指标和股价出现局部顶背离期间，是较好的卖点机会。

1. 回升趋势 MACD 柱线顶背离

在股价回升阶段，上涨趋势得到加强时，股价会出现加速上升走势。但是加速上升后，抛售压力不断增加，这时很容易出现收盘创新高而指标背离回落的情况。这是因为在短线图中，股价以后会达到新的收盘价位，股价回调后累计涨幅不高，使得指标没能出现强有力的表现。

如果 MACD 指标柱线与股价形成背离，那么可以视为价格短线调整的信号。价格从收盘高位回落下来，减少了股价上涨的抛售压力，也使得价格回升阶段的背离形态消失，为股价进一步上涨提供可能。

（1）形态特征

①股价调整后再创新高：价格上涨空间较大，股价经历回调走势后，出现收盘价新高。这时价格强势形态进一步得到体现，但随之而来的背离卖点也正在孕育形成。

② MACD 柱线背离回调：股价两次出现收盘价明显的高位后，MACD 柱线背离回调，这是新一轮下跌开始的信号。

③出现新一轮价格回调：MACD 柱线与股价形成顶背离，简单的一次背离成为价格回落的推动因素。价格下跌后，股价寻求 100 日均线的支撑。股价回调接近 100 日均线时，局部背离引发的调整才会结束。

（2）操作要领

①从股价调整后再创新高来看：如图 3-6 所示，股价在 G 位置见顶，调整后该股继续回升到 G1 位置的价格高位。这样，股价在较短的时间里出现两个顶部。

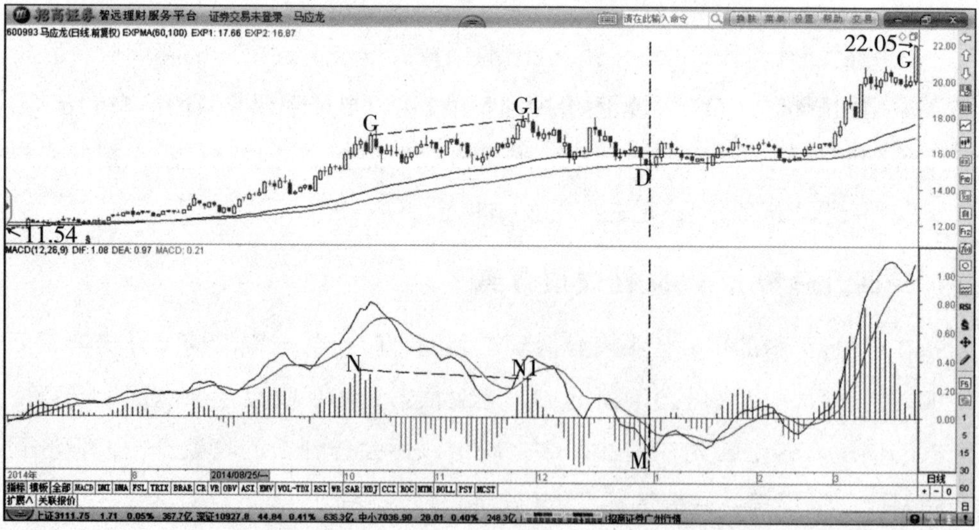

图 3-6　马应龙（600993）日 K 线图

②从 MACD 柱线背离回调来看：MACD 柱线从 N 处回调至 N1 位置，这与价格回升到新高 G1 位置形成背离。背离提示局部高位卖点出现，可以在 G1 位置减少持股。

③从出现新一轮价格回调来看：背离期间，MACD 的 DIFF 线回调至 M 位置的低点，同时股价下跌到 D 位置的最低价位。D 位置靠近 100 日均线，是股价进入调整以来的最大下跌幅度。

④在回升趋势中，MACD 指标柱线虽然在 M 位置低于 0 轴线，但柱线高度与 N1 位置相差不多，可见指标回调空间不大，股价调整空间也会受限。

（3）小结

MACD 指标柱线与股价形成顶背离期间，股价很快进入下跌走势。只是股价的下跌走势是短期的，特别是在价格回调到 100 日均线后，这种调整就已经结束。按照调仓策略卖掉一些股票，这样获利可以达到最大。

2. 回升趋势 MACD 的 DIFF 线顶背离

价格回升期间，MACD 指标的 DIFF 线与股价顶背离，会引起股价的局部调整走势。价格回调力度可以不大，但会出现回调过程。

由于股价在反弹上涨期间飙升速度很快，使得价格先于指标达到新高。这时股价高位运行的基础已经不复存在，MACD 指标的 DIFF 线表现弱势，不能支持价格在高位运行。接下来，股价会从高价区回调，直到价格获得 100 日均线提供的支撑为止。

（1）形态特征

①股价天量涨停突破前期高位：股价以天量形式涨停后，价格在短时间内的表现非常强势，股价收盘价突破前期高位已在意料之中。

② MACD 指标的 DIFF 线有限反弹：虽然主力投资者放量拉升股价突破前期高位，但由于股价上涨速度较快，使得 DIFF 线没能与股价同步达到新高，DIFF 线与股价之间背离，提示股价见顶。

③背离推动价格调整至 100 日均线：出现背离后，股价在涨停之后快

速进入顶部调整状态。股价收出十字星后加速下跌，下跌过程中价格回落至 100 日均线。

（2）操作要领

①从股价天量涨停突破前期高位来看：如图 3–7 所示，价格在图中 G1 位置达到收盘价新高。同时，成交量在图中 T 位置创出天量。股价出现天量顶部，结合 MACD 指标可以确认卖点信号。

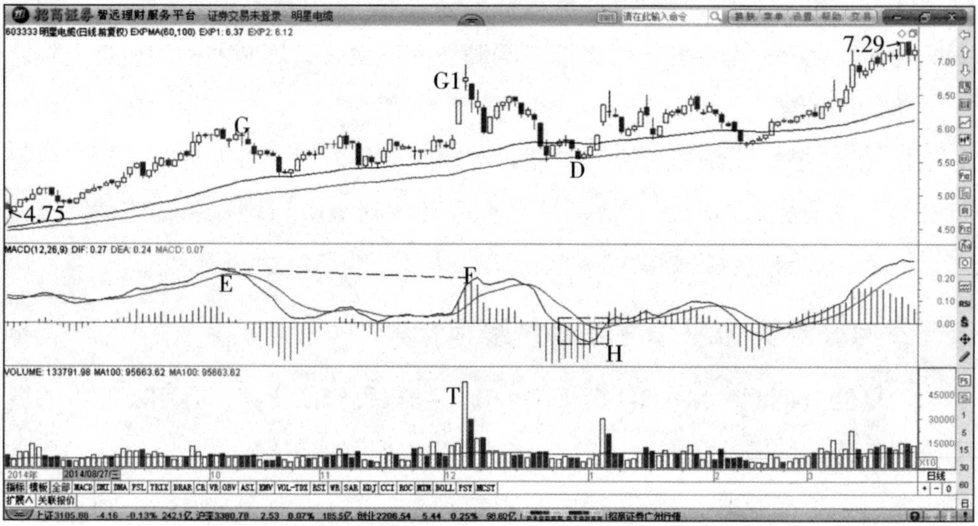

图 3–7　明星电缆（现名尚纬股份，603333）日 K 线图

②从 MACD 指标的 DIFF 线有限反弹来看：股价涨停期间，DIFF 线快速反弹至 F 位置。虽然 DIFF 线反弹速度很快，但 F 位置依然低于前期高位 E，这是 DIFF 线与股价背离的信号，同时也是天量顶部的卖点信号。

③从背离推动价格调整至 100 日均线来看：随着背离卖点得到确认，价格从 G1 位置的十字星处开始下跌。股价快速回落，短期跌幅达 18%，至图中 D 位置的 100 日均线时受到支撑。这时，MACD 指标的 DIFF 线在 H 位置的 0 轴线下方成功触底，成为推动价格上涨的有利因素。

④在回升趋势中，MACD 指标的 DIFF 线虽然背离回调，但 DIFF 线在图中 H 位置 0 轴线下方停留时间较短。很显然，G1 位置的卖点是局部调整

的减仓机会。

（3）小结

MACD 指标的 DIFF 线与股价高位背离，成为推动价格下跌的重要因素。DIFF 线反弹幅度不高，使得股价局部强势，以见顶结束。作为价格上涨期间的局部高位卖点信号，背离提供了非常典型的交易信息，这是把握交易机会的重要看点。

第 4 节　牛市行情见顶期间背离

牛市行情中，股价收盘不断达到新高价位，这时指标背离提示顶部出现。价格涨幅足够大时，主力投资者就会在价格高位抛售股票，兑现牛市中获得的浮盈收益。价格上涨期间，背离提示卖点时，这时股价就无法继续上涨。主力暗中出货，价格难以继续回升，背离提示的卖点成为典型的抛售机会。

1. 牛市 MACD 指标柱线复杂顶背离

股价加速回升后，出现顶部形态。价格在高价区运行时间较长，当股价收盘达到新高时，在高价区的震荡依然持续。股价收盘创出新高，并非价格加速上涨的信号。相反，牛市行情顶部，MACD 指标与股价高位背离，成为确认股价顶部的重要特征。这种背离顶部可以在一次背离中得到确认。如果价格表现强势，那么还会出现第二次背离。

（1）形态特征

①股价在高价区反弹：股价涨幅过大后，就会出现典型的股价上涨而指标回升乏力的情况，背离提示的交易机会将得到验证。

② MACD 柱线与股价背离：股价在高价区强势反弹，收盘价创出新高，但 MACD 柱线回升空间有限，使得柱线与股价形成顶背离。顶背离后，就形成高价区卖点。

③高价区第二次背离：在高价区域，股价虽然在反弹阶段与 MACD 柱线背离，但依然有可能出现新一轮反弹，只是股价反弹空间有限。收盘价达到新高时，价格已经出现见顶迹象。如果 MACD 柱线与股价形成第二次顶背离卖点，便确认了抛售股票的机会。

（2）操作要领

①从股价在高价区反弹来看：如图 3–8 所示，股价在 G 位置见顶后，接下来该股出现回调走势。回调过程中，股价成功触底，并在图中 G1 位置达到收盘价新高。可见，该股在高价区表现强势。

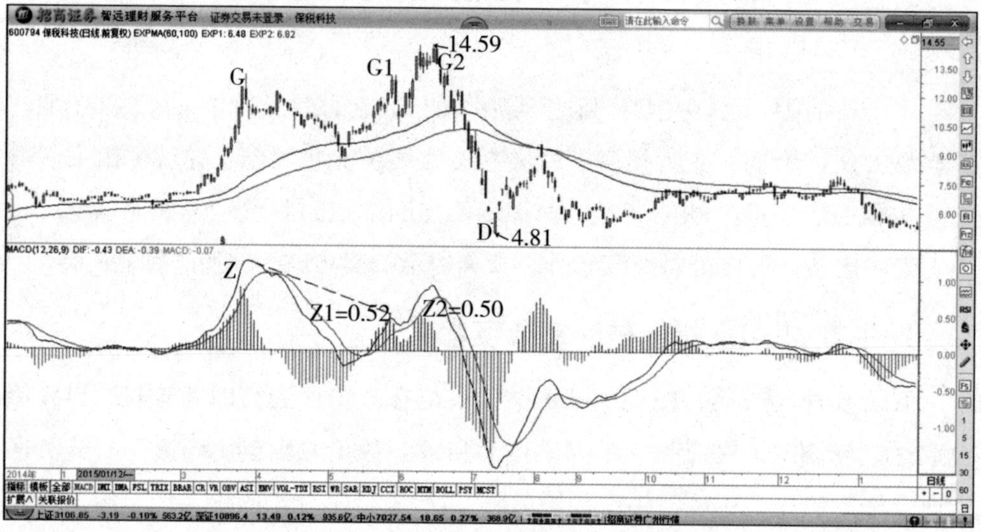

图 3–8 保税科技（600794）日 K 线图

②从 MACD 柱线与股价背离来看：股价收盘达到图中 G1 位置的高位后，MACD 指标柱线回落至 Z1 位置，柱线数值为 0.52，明显低于前期 Z 位置，表现出柱线与股价高位背离的卖点特征。

③从高价区第二次背离来看：股价表现强势，图中 G1 位置并非该股的真正顶部，收盘价在 G2 位置达到新高后，MACD 柱线在 Z2 位置数值为 0.5。MACD 柱线在 Z2 位置数值更低，不仅低于 Z 位置，而且低于 Z1 位置，可见柱线与股价已经形成第二次背离。背离提供的 G2 位置的卖点非常典型。

④ MACD 指标与股价完成两次背离形态，柱线反弹空间不足，与价格收盘创新低形成背离，使得该股见顶 G2 位置高点。该股从 G2 位置跳空下跌后，股价深度回落至 D 位置，跌幅达 60%。

（3）小结

MACD 柱线飙升创新高后，只要价格上涨潜力减弱，柱线就无法达到更高的数值，这时 MACD 柱线与股价背离就提示了牛市卖点。

2. 牛市 MACD 指标 DIFF 线复杂顶背离

牛市行情中，MACD 指标的 DIFF 线与股价顶背离，这种背离可以以非常复杂的形式出现。股价走势很强劲时，背离的复杂性超乎想象。股价收盘价不断达到新的高度，而 DIFF 线与股价之间的背离始终没有消失。

实战中，用 DIFF 线从高位相对回落与股价收盘价再创新高相比较，可以确认股价出现系统性背离。出现比较典型的股价顶部时，如果 DIFF 线没有创新高，就视为背离。从背离的那一刻起，卖点就已经得到确认。只是股价的背离次数可以比较多，虽然收盘价创新高时相对涨幅有限，但最高卖点总是在最后一次背离期间产生。

（1）形态特征

①股价经历连续飙升：股价经历连续飙升后，价格上涨乏力，这时容易出现股价顶部。

②收盘价缓慢创新高：股票收盘价缓慢创新高，但价格涨幅有限，这是股价滞涨的重要信号。在价格滞涨期间，指标与股价背离出现的概率将会猛增。

③ DIFF 线与股价背离次数增多：DIFF 线与股价背离次数增加，高抛卖点不断得到确认。背离次数越多，相应的减仓价位也越高。

（2）操作要领

①从股价经历连续飙升来看：如图 3-9 所示，股价在 G 位置达到收盘价新高以前，该股已经从 L 位置经历连续拉升。

图 3-9　新奥股份（600803）日 K 线图

②从收盘价缓慢创新高来看：价格经历加速回升阶段后，在 G1 位置出现收盘价新高，接下来股价出现调整，之后达到 G2 和 G3 位置的收盘价新高。新高价价位之间的时间间隔很长，表明股价上涨趋势趋缓。

③从 DIFF 线与股价背离次数增多来看：股价收盘价达到 G1 位置的高位后，DIFF 线在 D1 位置的数值为 1.29，低于 D 位置的 1.32，表明出现首次背离。接下来 D2 和 D3 位置的数值分别为 1.16 和 1.20，也分别出现回落，这与股价收盘价达到 G2 和 G3 位置的新高形成背离。三次背离后，DIFF 线在 N 位置跌破 0 轴线，股价暴跌至 M 位置，下跌趋势很快形成。

④股价三次背离形态完成后在 G3 位置高位见顶，股价之后暴跌超过 50%。三次背离期间减仓的机会很多，只要大胆降低持股数量，三次背离期间卖掉多数股票，就能顺利回避下跌走势。

（3）小结

MACD 指标与股价顶背离期间，DIFF 线的背离次数增加到两次以上，股价见顶概率将会大增。DIFF 线与股价三次背离后，股价将会在牛市见顶，最高价卖点得到确认。

第5节 回落趋势局部背离形态

在回落趋势中，股价的局部背离形态提示了短线买点信号。在出现底部背离的情况下，股价反弹强度具有不可预期性，但依然值得买入。股价反弹空间可能很有限，如果投入抄底的资金并不大，那么这样的收益机会当然值得追逐。

1. 回落趋势 MACD 柱线底背离

下跌趋势中，由于股价跌幅较大，反弹期间 MACD 指标的柱线开始回升。从 MACD 柱线的表现来看，如果股价创新低期间柱线相对回升，那么背离提示的买点可以得到确认。出现典型的暴跌行情后，反弹起始阶段的背离提供的买点中，盈利空间可能会受到限制。如果在首次背离期间就买入股票，那么投入资金后是有可能获得收益的。

（1）形态特征

①股价出现两次暴跌走势：股价见顶回落期间，连续经历两波暴跌，价格宽幅震荡期间，跌幅迅速扩大。

② DIFF 线下跌趋缓：股价连续出现两个波动下跌趋势，MACD 指标的 DIFF 线再创新低，显示出股价已经处于非常弱势的状态。

③ MACD 柱线与股价底背离：MACD 柱线与股价底背离，提示出现买点。即便在市场非常弱势的情况下，背离依然提供了微弱的盈利空间。

（2）操作要领

①从股价出现两次暴跌走势来看：如图 3–10 所示，股价首次暴跌期间，价格从 G 位置下跌至 D 位置，收盘价跌幅高达 55%。接下来，股价反弹结束

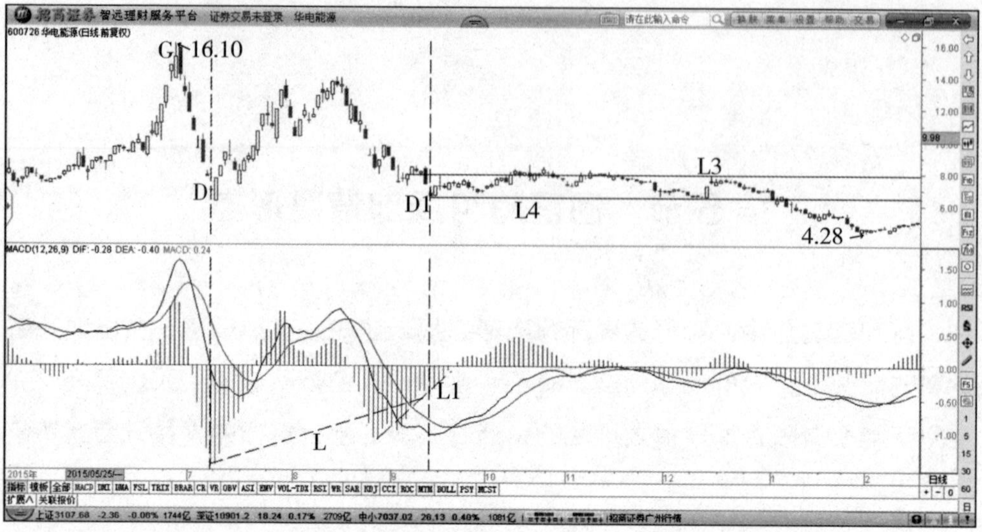

图 3-10　华电能源（现名 *ST 华源，600726）日 K 线图

后在 D1 位置再次出现收盘价新低。

②从 DIFF 线下跌趋缓来看：股价进入下跌趋势后，在 D1 位置出现收盘价新低，DIFF 线同样达到新低，不过 DIFF 线的下跌已经趋缓。

③从 MACD 柱线与股价底背离来看：MACD 柱线回升趋势体现在 L 线上，柱线回升表明与股价在 D1 位置出现收盘价新低形成背离。事实上，DIFF 线已经在 L1 线表现为回升趋势。股价二次回落到 D1 位置低点期间，MACD 柱线局部回升也与价格下跌形成背离。

④股价杀跌后，出现 MACD 指标柱线与股价低位背离买点。股价从 L4 位置对应价位反弹至 L3 对应价位，股价涨幅 20%。弱势格局中，20% 的收益是可以接受的。

（3）小结

在熊市行情中，股价暴跌后指标回调空间加大。简单的一次 MACD 指标 DIFF 线与股价背离后，价格反弹空间可能比较有限，背离买点可以视为短期盈利机会。

2. 回落趋势 MACD 指标 DIFF 线底背离

股价进入下跌趋势后，很快进入超跌状态，从跌幅上看，价格可以出现 50% 以上的回调。这时，可以根据 MACD 指标来确认股价低位买点。MACD 指标的 DIFF 线与股价形成底背离形态，视为抄底股票的机会。

MACD 指标 DIFF 线相对回升，提示均线走势向好。不同于 MACD 指标柱线回升，DIFF 线更直观地体现了价格企稳走势。MACD 柱线与股价背离，提示 DIFF 线下跌趋缓，并与股价出现底背离。DIFF 线与股价出现背离，这时买入股票，盈利的可能性极高。

（1）形态特征

①股价出现暴跌走势：股价进入暴跌状态后，下跌趋势中，价格短时间内企稳的概率并不大。随着跌幅扩大，MACD 指标的 DIFF 线也会出现深度调整。

② DIFF 线与股价同步反弹：股价超跌反弹后，DIFF 线与股价同步反弹。随着反弹空间增加，DIFF 线回升至 0 轴线附近。

③ DIFF 线底部抬升与股价底背离：DIFF 线反弹空间较大，使得股价二次回落后，DIFF 线并不会下跌至前期低点，而是在相对高位企稳。这时，MACD 指标的 DIFF 线与股价形成底背离形态，提示低价买点。

（2）操作要领

①从股价出现暴跌走势来看：如图 3–11 所示，价格从 G 位置的 16 元下跌至 D 位置的 6 元附近，跌幅达 62.5%。暴跌之后，可以根据 MACD 指标表现确认买点。

②从 DIFF 线与股价同步反弹来看：DIFF 线深度回调到 E 位置低点，指标很快在反弹期间强势回升。DIFF 线反弹过程中，指标一度回升到 0 轴线上方。

③从 DIFF 线底部抬升，与股价底背离来看：股价第二次回落后，该股在 D1 位置达到收盘价新低，同期 DIFF 线虽然回调，但在 F 位置的相对高位止跌。DIFF 线在 F 位置的数值显著高于 E 位置，这样与股价形成底背离形态。

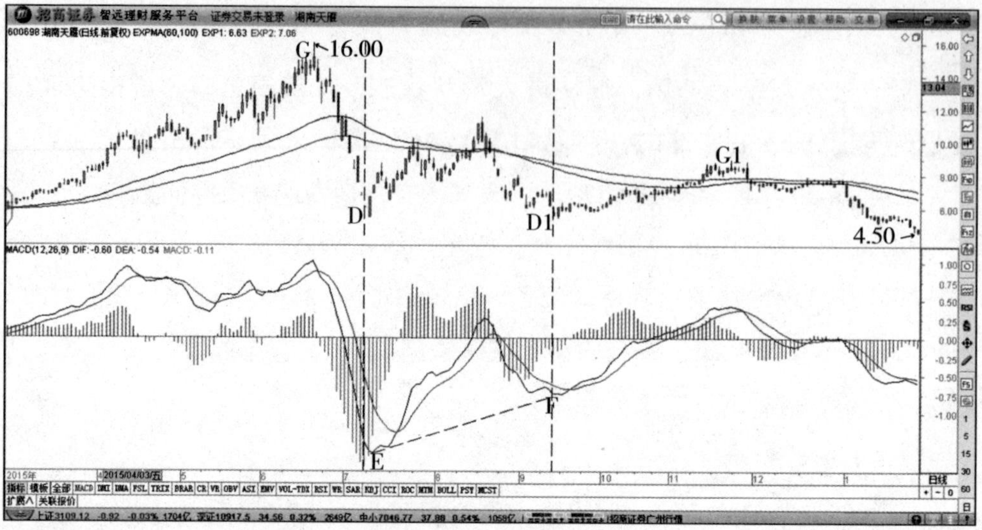

图 3-11 湖南天雁（现名 *ST 天雁，600698）日 K 线图

④明确的下跌趋势中，虽然股价在 D1 位置出现收盘价新低，但背离提示买点后，该股反弹至 G1 位置高位，价格涨幅高达 60%。如果在下跌趋势中没有明显遭遇亏损，那么 60% 的收益空间还是非常可观的。

（3）小结

股价进入熊市后大跌超过 50%，这时 MACD 指标的底背离信号更加可信。确认低位背离买点后，短线盈利的概率明显很高。

第 6 节 熊市行情触底期间背离

熊市中，价格进入下跌趋势后跌幅较大，耗时也很长。漫长熊市确认价格低点的买点机会，是一件非常困难的事情。在反复震荡期间，股价总会出现收盘价新低，准确判断价格低位买点，可以通过 MACD 指标的柱线背离来确认。

1. 熊市 MACD 柱线复杂底背离

在漫长熊市中，股价下跌空间可以非常大，确认价格低位买点，需要用 MACD 指标的背离来判断。价格长期弱势运行时，指标与股价第一次背离提示的买点可能是诱多陷阱。第二次出现背离形态时，在低价买入股票，获得成功的概率就很高。

（1）形态特征

①股价在熊市中出现杀跌走势：熊市中股价出现杀跌走势，这时价格下跌空间较大，随着熊市到来，MACD 指标表现得非常弱势。

②价格反弹后第二次杀跌：股价杀跌后出现反弹走势，但股价反弹空间较小，这为股价继续回落创造了条件。股价第二次杀跌后，收盘价表现为创出新的价格低点。

③ MACD 柱线与股价形成复杂背离：熊市中，一次简单的背离很难确认低价区买点。MACD 指标柱线与股价两次背离后，股价继续下跌的空间很小，通常两次背离就能确认最低价的买点机会。

（2）操作要领

①从股价在熊市中出现杀跌走势来看：如图 3–12 所示，熊市中，股价杀跌至 N 位置，出现一个价格底部，此前价格跌幅很大，在该位置很快出现技术性反弹走势。

②从价格反弹后第二次杀跌来看：股价 N 位置后的反弹空间很小，价格结束反弹后再创跌停走势，股价频繁下跌，直到价格达到 N1 位置的收盘价新低点。

③从 MACD 柱线与股价形成复杂背离来看：股价触底 N1 位置低点时，MACD 柱线从 T 回升至图中 T1 位置，接下来继续回升到 T2 位置。指标回升，并与股价构成两次底背离，提示的买点效果非常好。

④股价下跌过程中，虽然收盘价创新低，但跌破 N 位置对应的价位后，该股继续下跌空间有限。典型的两次背离更好地诠释了底部特征，图中 N1 位

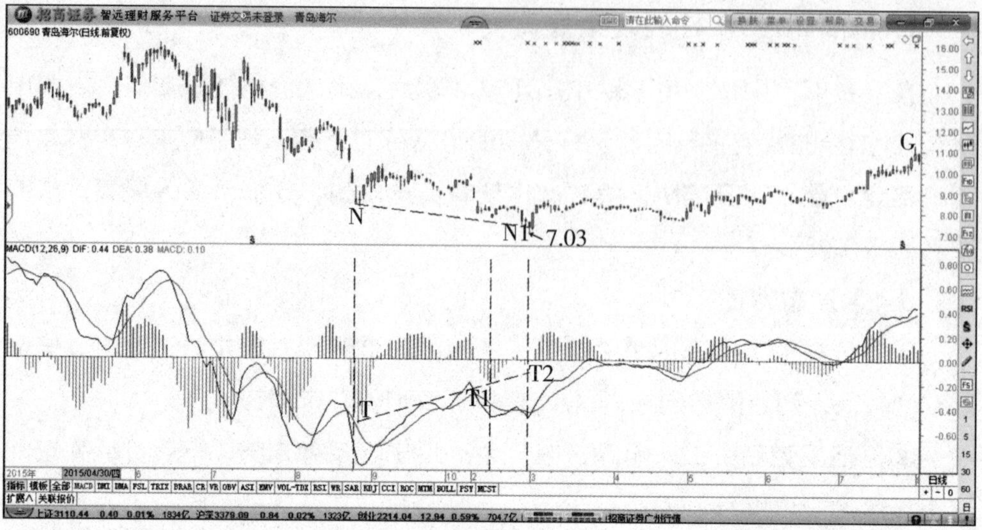

图 3-12　青岛海尔（现名海尔智家，600690）日 K 线图

置的买点得到确认后，股价反弹到 G 位置的价格高位，盈利可高达 50%。

（3）小结

漫长熊市行情中，MACD 指标柱线出现两次以上背离，对应的低价买点更加可靠。两次背离后，建仓资金可以达到 80% 以上，这样才能抓住价格回升的获利机会。

2. 熊市 MACD 指标 DIFF 线复杂底背离

股价进入熊市后，MACD 指标的 DIFF 线能够更好地诠释底部特征。随着股价跌幅扩大，价格下跌期间 MACD 指标的 DIFF 线与股价底部背离，提示价格低点买入机会出现。

相比 MACD 柱线的背离形态，MACD 指标的 DIFF 线背离提示效果更好。DIFF 线与股价背离后，买入股票的盈利空间更高。DIFF 线与股价出现典型的底背离后，股价进入回升趋势时，可能出现翻倍收益的机会。

（1）形态特征

①股价进入单边下跌状态：股价进入单边下跌趋势后，能够看到价格在

一段时间内出现暴跌走势，这是熊市行情应有的走势。接下来的交易时间里，股价短时间内很难真正企稳。

②新一轮下跌出现收盘价新低：新一轮下跌后，股价从反弹价格高位下跌，股价震荡下跌的过程中，很容易出现收盘价新低。

③ DIFF 线提示典型买点：熊市阶段，MACD 指标的调整是长期的，DIFF 线开始回升时，与股价出现底部背离形态。出现两次背离的情况下，提示的价格低位买点会不断得到确认。

（2）操作要领

①从股价进入单边下跌状态来看：如图 3-13 所示，在超过一个月的时间里，该股从高位杀跌至 D 位置的价格低点。价格远离均线的过程中，股价下跌趋势已经得到确认。

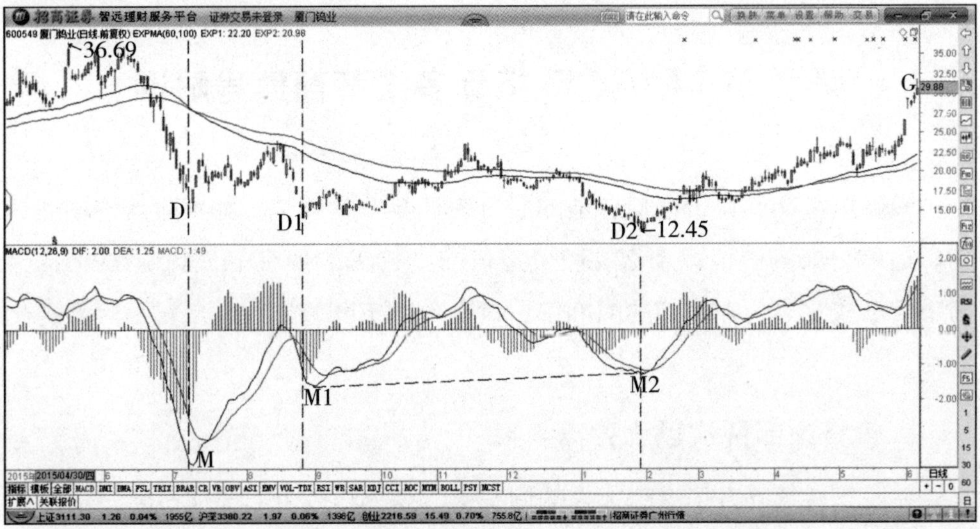

图 3-13　厦门钨业（600549）日 K 线图

②从新一轮下跌出现收盘价新低来看：股价杀跌至图中 D 位置后，该股下跌趋势并没有结束。在新一轮下跌中，价格出现了 D1 位置的收盘价新低。第二次反弹结束后，图中 D2 位置的价格低点进一步得到确认。

③从 DIFF 线提示的典型买点来看：股价首次反弹结束后，DIFF 线已经

出现显著回升。图中 M1 位置的 DIFF 线明显高于图中 M 位置，这是 DIFF 线与股价底部背离的买点信号。D2 位置该收盘价更低，DIFF 线在 M2 位置与股价出现第二次背离。两次背离后，投资者可以买入该股。股价回升到 G 位置时，能够获利 120%。

④股价下跌期间，D 位置的价格低点与 D2 位置的价格低点相距 7 个月。虽然时间较长，但背离提供的第二次买入机会依然有效。如果把握好图中 D2 位置的建仓时机，那么相比前期反弹获利空间更大。

（3）小结

熊市阶段，只要 DIFF 线经历了深度回调，接下来收盘价出现新低时，很容易出现背离买点。DIFF 线从深度回调的低位反弹后，更多背离买点就成为建仓的机会。

第 7 节　MACD 指标多重背离信号解读

股价运行期间，价格反转前的股价表现会非常强势。如果收盘价不断达到单边趋势新的价位，那么在股价运行节奏趋缓的情况下，MACD 指标会与股价形成背离。在较短的时间里，背离次数不断增加时，反转信号会得到加强。

1. 价格顶部两次以上背离

在股价持续回升但上涨乏力的情况下，指标与股价形成顶背离。MACD 指标与股价出现顶背离后，收盘价依然能创出新高，即便收盘价新高涨幅有限。在上涨的高位，背离次数可以进一步增加。背离次数达到或超过两次时，背离卖点得到进一步验证。从交易机会来看，如果顶部背离期间减少持股，那么投资者就能降低价格下跌的风险。在价格高位，多次背离推动股价出现杀跌走势，背离提示的卖点是不容错过的交易机会。

（1）形态特征

①股价经历飙升阶段：股价经历飙升阶段后，价格上涨速度加快，相应地出现高价区卖点。这时，股价收盘价虽然能够达到新高，但上涨潜力已经不足。

②价格在高位连续出现新高：股价在高位连续出现收盘价新高时，不同的收盘价之间距离减小，不可避免地就形成了背离。

③ MACD 柱线与股价三次背离：股价收盘价不断达到新高时，在回升趋势中与 MACD 指标柱线形成背离。MACD 指标柱线在难以实现更大涨幅的情况下，典型的三次背离提示的高抛交易机会就得以确认。

（2）操作要领

①从股价经历飙升阶段来看：如图 3-14 所示，股价加速飙升到图中 G 位置的价格高位，之前股价连续拉升。完成拉升后，该股的回升节奏出现放缓迹象。

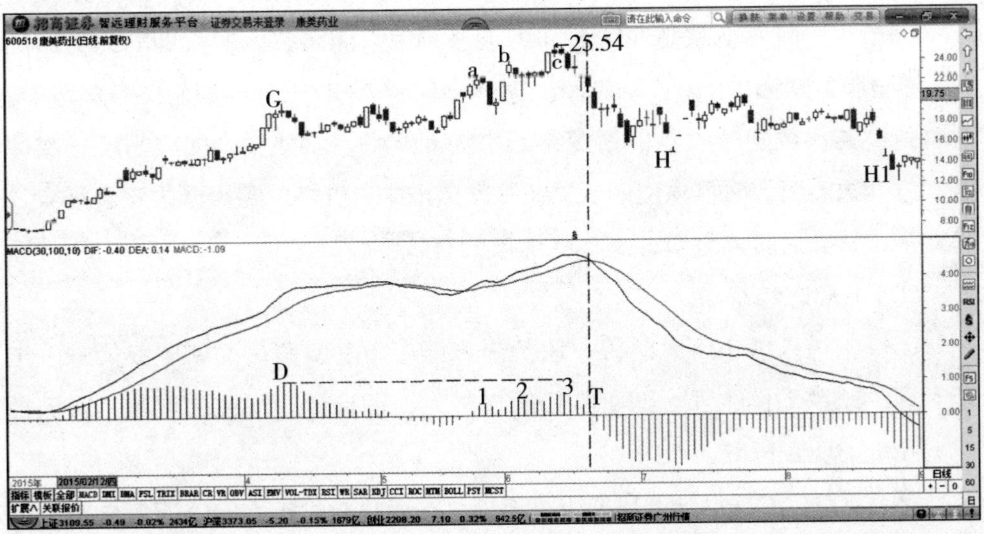

图 3-14　康美药业（现名 ST 康美，600518）日 K 线图

②从价格高位收盘连续出现新高来看：虽然价格回升节奏放缓，但图中股价从 a 位置到 b 和 c 位置，收盘价连续创出新高，这是主力高位出货期间

的典型诱多形态。

③从 MACD 柱线与股价三次背离来看：虽然股价在 a、b、c 三个位置出现收盘价新高，但 MACD 指标柱线分别只达到图中 1、2、3 对应的位置，这三个位置都明显低于 D 位置数值，表明柱线与股价构成顶背离。三次背离足以提示卖点。特别是 MACD 柱线在 T 位置跌破 0 轴线后，卖点得以确认。

④ MACD 柱线与股价三次顶背离后，在下跌趋势中，股价达到图中 H 和 H1 位置的新低价位。股价跌幅较大，使得持股投资者损失高达 40%。可见，多次背离提示卖点后，卖掉股票明显可以减少亏损。

（3）小结

MACD 指标柱线顶背离间隔可以很短，这是股价频繁达到收盘价新高位的结果。短时间密集形成柱线顶背离后，在价格高位减少持股，可以有效规避下跌风险。

2. 价格低位两次以上背离

熊市中，股价下跌并非短时间内能够结束，而是在比较长期的跌势中延续。随着股价跌幅扩大，价格创新低期间出现 MACD 指标与股价的背离形态。这种背离的次数随着收盘价新低不断增加而增多。实战中，如果出现一次底背离就买入股票，很容易遭遇亏损。漫长熊市中，价格下跌短期内不会结束，坚持多次背离后买入股票，是战胜熊市的有效手段。

（1）形态特征

①股价进入熊市下跌阶段：股价进入熊市下跌阶段后，如果股价并未出现明显的杀跌动作，那么随着跌幅缓慢扩大，指标会出现钝化现象，直到指标与股价出现底背离买点。

②首次 MACD 指标 DIFF 线背离提示买点：股价扩大跌幅的过程中，出现新的价格底部后，MACD 指标与股价形成底背离。DIFF 线从比较低的位置反弹后，短线买入机会得到确认。

③背离次数不断增加：由于熊市中价格震荡频繁，在下跌趋势中，股价

继续出现收盘价新低，价格反弹空间逐渐收窄，MACD 指标的 DIFF 线与股价底背离的次数不断增加。

（2）操作要领

①从股价进入熊市下跌阶段来看：如图 3-15 所示，股价持续回落到 A 位置的价格低点，短线反弹后，收盘价进一步回落至 B 位置。

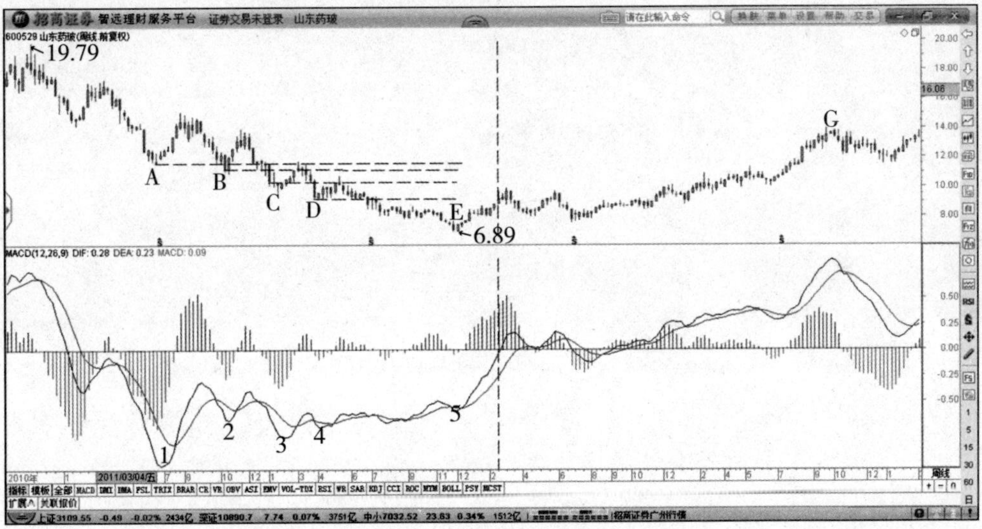

图 3-15　山东药玻（600529）日 K 线图

②从首次 MACD 指标 DIFF 线背离提示买点来看：股价下跌至 B 位置，MACD 指标的 DIFF 线已经从 1 处回升到 2 位置，提示底部背离买点。

③从背离次数不断增加来看：股价反弹的次数很多，反弹结束后收盘价继续回调到 C 和 D 位置。直到股价不再出现反弹时，价格回落至 E 位置。同时，MACD 指标的 DIFF 线回调到 3 处后，反弹到 4 和 5 的位置。总的看来，3、4、5 位置都高于 1 的位置，这是 MACD 指标与股价底背离的买点信号。

④反弹意味着股价跌幅没有达到真正底部，这时 MACD 指标与股价分别在 2、3、4、5 位置形成背离，背离次数较多。直到收盘价格达到 E 位置低点前，反弹空间减弱，股价探出真实底部。此时可以采取背离后分步建仓策略买入股票，以适应股价频繁调整的走势。

（3）小结

熊市中，股价很容易频繁创新低，MACD 指标柱线深度回调后，将与创新低的股价形成背离。密集出现背离形态期间，低价买点值得把握。

第 4 章

重点关注量能背离——量价背离形态确认

成交量推动的价格运行趋势是确认单边趋势的关键，如果量能不能支撑股价的单边趋势，就会出现背离提示的买卖机会。实战中，量价背离是非常典型的背离形式，同时也是成功率很高的背离交易信号。回升趋势中，量价背离提供了高抛卖点机会；下跌趋势中，量价背离同样提供了类似的买点信号。如果说 MACD 指标背离是价格上的背离，那么量能在另一个层面揭示了股价的反转动作。

通过 MACD 指标背离和量能背离，可以充分揭示量能和价格提供的背离交易机会，进一步完善背离交易系统，从而使交易系统更加成熟。

第 1 节　量价关系概述

在股票买卖中，分析成交量是比较常见的策略，能够帮助投资者了解筹码转移的规模以及量能变化对价格的影响。量能较大时，筹码转移效率加强，推动价格运行的动力更强。牛市行情中，在推动价格上涨方面，高量能的作用不容忽视。下跌趋势中，量能不需要过大，价格就可以维持下跌趋势。

1. 量能体现筹码转移

在股价回升阶段，量能稳步放大期间出现筹码转移趋势。筹码转移趋势加强，股价上涨得到确认。低价区的量能体现了主力收集筹码的动作，高价区的超买更体现了主力拉升阶段的减仓策略。随着筹码转移过程的加强，股价形成单边上涨走势。

（1）形态特征

①价格低位出现巨量：价格低位出现巨量时，主力低价抢筹动作明显，股价很容易在主力抢筹后触底回升。

②股价底部得到确认：出现巨量后，表明主力在低位快速吸筹，股价距离企稳回升更进一步。如果这时股价放量突破阻力位，量能稳定放大，价格底部可以得到确认。

③放量阶段筹码稳步转移：在股价回升阶段，量能维持稳步放大状态，股价持续回升趋势得以延续。这时，筹码以均衡的速度向高价区转移。

（2）操作要领

①从价格低位出现巨量来看：如图 4-1 所示，图中 B 位置显示量能较大，显然是价格低位的巨量量能状态。B 位置的巨量量能完成后，图中 P 位

置出现较大的放量，股价在这个位置出现上涨，主力在低价区的建仓动作不容忽视。

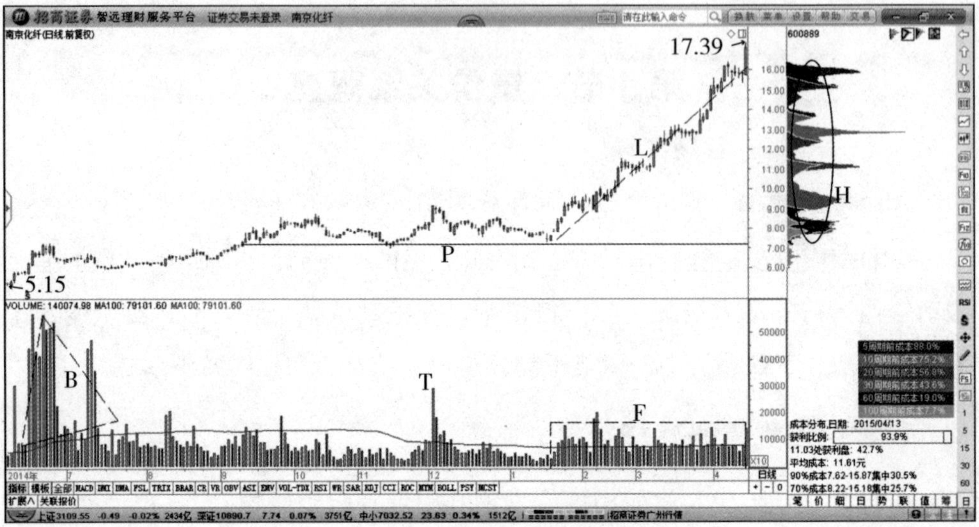

图 4-1　南京化纤（600889）日 K 线图

②从股价底部得到确认来看：图中 T 位置较好地出现了放量形态，股价在 P 位置的价格平台轻松获得支撑，该股已经进入回升趋势。

③从放量阶段筹码稳步转移来看：股价放量走强期间，图中 F 位置量能稳定在 100 日等量线以上，这为筹码持续向高位转移提供了可能。H 位置显示的筹码转移趋势明显，相似规模的筹码峰分布在不同的价位，该股在 L 位置的回升趋势得以加强。

④股价进入回升趋势后，量能出现稳步放大趋势，筹码在 H 位置的转移规模相对稳定。可见，有稳定的成交量，筹码转移的趋势也相对稳定，这有助于价格延续回升趋势。

（3）小结

股价进入稳步回升阶段后，量能放大与筹码转移同步进行。从交易机会看，稳定放量期间价格表现稳健，有助于投资者获得筹码和盈利。

2. 放量推动的价格回升趋势

在价格上涨过程中，足够大的成交量能推动价格不断达到历史新高价位。对于量能的放大效果，可以用天量量能来衡量。在股价上涨过程中，典型的天量量能总在不同的时段形成，这也是股价达到历史高位的推动因素。天量量能总被更大的天量超越，股价进入回升趋势以后，价格上涨节奏得到确认，通过天量量能出现的节奏，可以推断主力拉升股价的力度，从而进一步确认价格回升的大趋势。

（1）形态特征

①股价脱离地量底部：出现地量底部时，价格已经处于低位。如果股价经历了明显回落，地量底部可以成为熊市行情的最低价位。随着量能放大，股价脱离地量底部后，价格会进入上涨趋势中。

②出现局部天量顶部：价格脱离地量底部后，随着反弹走势的产生，出现天量顶部形态。价格以放量形式回升，高价区出现天量顶部的量价表现。

③天量顶部出现次数增加：首次出现天量顶部后，接下来股价冲高回落。股价再次企稳后，回升趋势中新的天量还会出现。天量量能次数增加，推动股价收盘价不断达到新的高度。

（2）操作要领

①从股价脱离地量底部来看：如图 4-2 所示，图中 Z 位置的量能达到地量。出现地量后，股价很快触底 D 位置的价格低点。

②从出现局部天量顶部来看：随着量能放大，股价逐步脱离 D 位置的价格低点。价格上涨接近前期高位时，成交量在 L 位置达到天量量能状态。

③从天量顶部出现次数增加来看：在回升趋势中，股价达到 G 位置的价格高位后，随着量能持续放大，股价继续回升到 G1 和 G2 位置的价格高位。价格涨幅加大，天量也在 L1 和 L2 位置量能放大期间出现。

④低价区，L 和 L1 位置的量能放大并不显著。股价达到 G1 附近的高价区后，L2 位置的有效放量推动股价一字涨停，这期间的盈利机会更大。

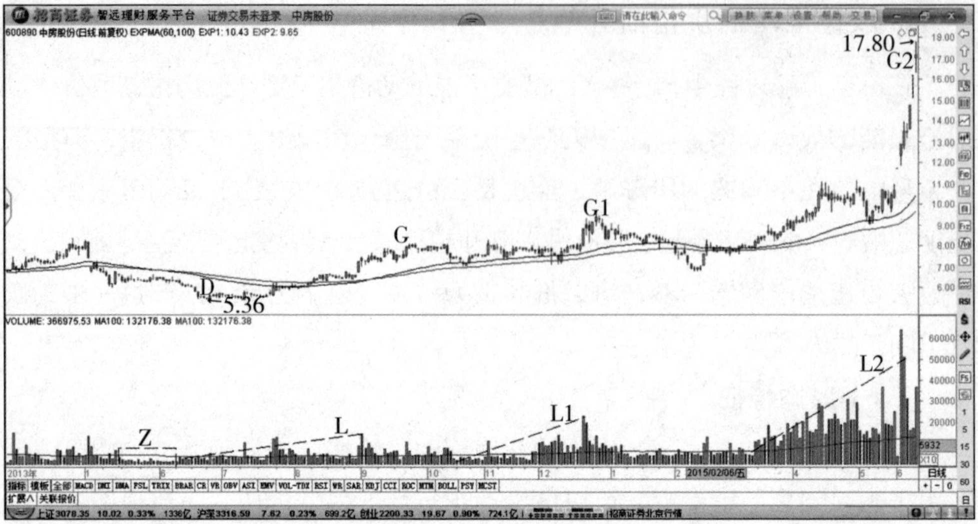

图 4-2　中房股份（600890）日 K 线图

（3）小结

价格创新高的过程中，天量量能是推动价格创新高的重要因素。出现天量后，筹码转移到价格高位，新进的投资者持股成本抬升，支持股价持续达到新高价位。

3. 缩量推动的价格下跌趋势

股价进入下跌趋势后，股价下跌并不需要量能放大，缩量状态下股价就能不断达到新低价位。投资者对股价表现关注度降低时，抛售压力始终存在。相对买盘来讲，出货的投资者总能主导价格的下跌趋势。即便成交量处于萎缩状态，股价下跌趋势也不会轻易结束。股价达到地量底部时，才会出现可信度较高的底部反转走势。在此之前，脉冲形式放大的成交量，很难扭转股价的缩量下跌趋势。

（1）形态特征

①股价放量见顶价格高位：股价放量见顶价格高位后，典型的下跌趋势得到确认。开始下跌阶段，成交量已经处于萎缩状态，期间股价缩量下跌的

空间比较大。

②脉冲量能推动价格反弹：股价出现超跌形态后，价格在低位出现脉冲量能，股价开始频繁反弹。但是，脉冲量能持续时间很短，这也限制了股价的涨幅。

③地量底部推动股价进入筑底阶段：脉冲量能中，成交量短时间放大幅度不断收缩，使得整体成交量处于缩量态势。成交量达到地量状态的情况下，股价已经出现底部特征。实战中，地量底部经常成为股价真实的价格底部。

（2）操作要领

①从股价在价格高位放量见顶来看：如图 4-3 所示，股价在 G 位置见顶后，图中 W 位置的成交量显著萎缩，该阶段股价出现暴跌的走势。

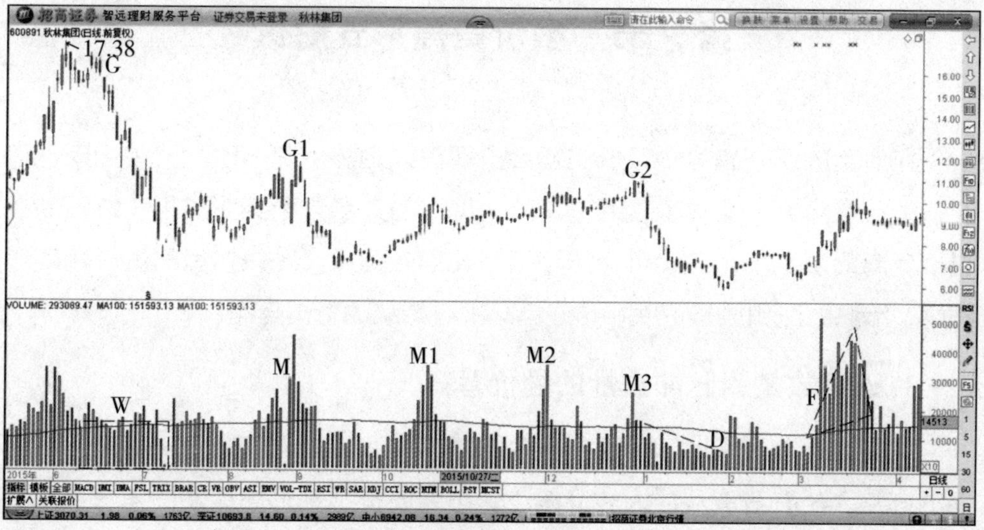

图 4-3　秋林集团（现名 *ST 秋林，600891）日 K 线图

②从脉冲量能推动价格反弹来看：随着脉冲量能的出现，股价反弹次数增加。图中 M、M1、M2、M3 位置都出现了脉冲量能，股价反弹至 G1 和 G2 等价格高位。M3 位置的脉冲量能最小，成交量最终持续萎缩到 D 位置的地量量能状态。

③从地量底部推动股价进入筑底阶段来看：通常，地量底部是股价跌无

可跌的信号。该股在D位置出现了地量量能，这种量能在脉冲量能后出现，随后股价以地量底部为起点开始上涨，并且出现了较大的涨幅。

④出现地量底部，可以说是主力投资者洗盘结束的信号，散户投资者已经不去买入股票。量能达到地量后，图中F位置量能快速放大，表明主力投资者强势介入该股，股价已经摆脱缩量下跌趋势。

（3）小结

在脉冲量能中，成交量只是在很短时间里达到100日等量线上方，这限制了股价涨幅。只有成交量明显接近并超过100日等量线，价格才会表现活跃，股价才能进入回升趋势。

第2节　量价背离形式解读

在典型的回升趋势中，成交量会出现放大趋势；在下跌趋势中，则不需要量能持续放大。实战中，通过量能与价格的关系判断买卖时机，特别是在量价背离的情况下，买卖机会能够更好地得到确认。比较典型的量价背离形态中，缩量上涨和放量下跌，这些都是不可持续的背离形态。

1. 连续放量到脉冲放量的量价背离

成交量连续放大时，股价上涨趋势得到加强，短时间内价格很难出现明显的调整。随着量能从放大转为缩小，出现股价顶部形态。期间缩量顶部的背离形态得到确认，形成缩量顶部的卖点机会。

典型的缩量顶部形态中，通常量能萎缩并低于100日等量线时，价格就不再具备反弹的基础。股价弱势运行期间，比较明确的大阴线下跌将改变缩量运行态势，卖点就出现在缩量顶部出现之时。

（1）形态特征

①股价连续放量上涨：量能连续放大期间，价格回升趋势可以得到加强。

特别是成交量稳定在 100 日等量线上方，放量上涨的量价表现成为推动价格上涨的关键因素。

②价格高位出现脉冲量顶部：出现脉冲量能时，价格只能维持在高位运行，不会明显出现飙升的情况。脉冲量能出现在高位，意味着股价进入顶部区域。

③量能低于 100 日均线形成的卖点：量能低于 100 日均线的情况下，虽然股价在高位运行，但价格上涨与量能萎缩背离，提示出现高抛卖点。

（2）操作要领

①从股价连续放量上涨来看：如图 4–4 所示，图中 L 位置量能持续放大，成交量很快高于 100 日等量线，股价也加速回升至 G 位置高点。这时，该股呈现出放量上涨态势。

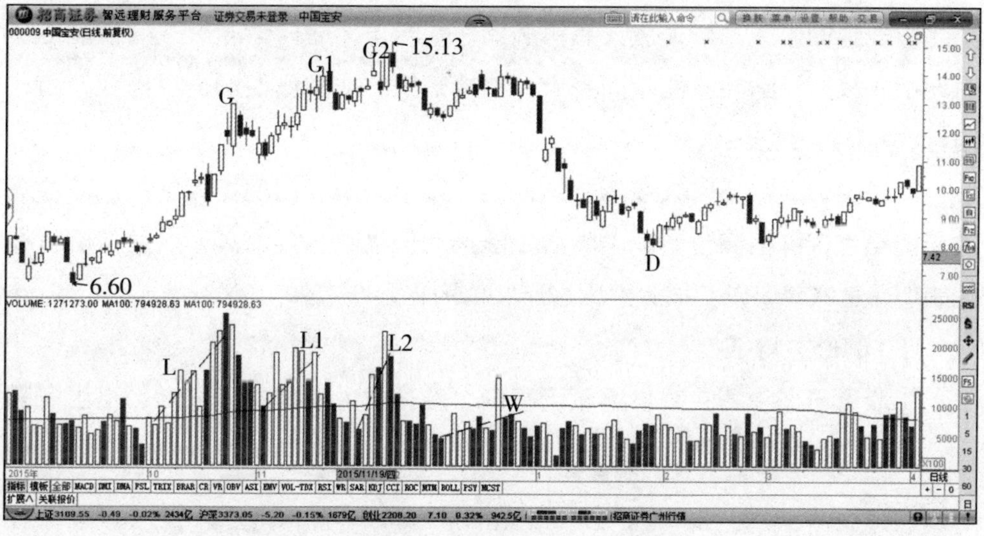

图 4–4　中国宝安（000009）日 K 线图

②从价格高位出现脉冲量顶部来看：L1 位置出现脉冲量能，而 L2 位置脉冲量能出现时间更短，这是量能相对萎缩的背离信号。股价虽然在 G1 和 G2 位置达到收盘价新高，但出现脉冲量能，提示了量价背离的卖点机会。

③从量能低于 100 日均线提示的卖点来看：图中 W 位置的脉冲量能已经非常小，量能不能达到 100 日等量线上方，使得股价出现了弱势运行的情

况。虽然此时价格未跌破 G 位置对应的收盘价位，但已经出现缩量运行的高价卖点。

④进入下跌趋势后，成交量萎缩趋势更加明显，股价短时间内杀跌至 D 位置的价格低点。可见，实战中需要密切关注脉冲量能的高抛卖点，减少因为股价下跌带来的亏损。

（3）小结

连续放量可以推动价格达到更高的收盘价，脉冲量能只会限制价格涨幅，甚至推动价格出现顶部反转形态。根据脉冲量能出现的特征，可以发现高抛卖点。

2. 脉冲缩量的量价背离

出现脉冲量能，量能放大后再萎缩。实际上，任何脉冲形式的量能持续时间都比较短，脉冲量能瞬间变大，使接下来的成交量很难再次出现新高，缩量成为脉冲量能后的惯例表现。

实战中，成交量以天量形式脉冲时，接下来难以出现更大量能。随着脉冲量能结束，价格高位背离。脉冲量能推动价格收盘创新高，这是量价背离的表现，意味着可以卖掉股票，规避股价即将走低带来的风险。

（1）形态特征

①股价震荡上行：股价震荡上行时，脉冲放大的成交量成为价格上涨的推动力。主力投资者并没有连续放量拉升股价，却在脉冲拉升股价期间推动价格上行。

②脉冲天量推动价格上涨：量能虽然以脉冲形式放大，但主力连续操盘期间，脉冲量能也能达到天量状态。这时，成交量继续放大的空间就比较小了。

③缩量脉冲提示背离卖点：天量脉冲后，虽然市场还在脉冲放量，但量能相对天量萎缩。收盘价继续回升期间，出现量价背离的高抛卖点机会。

（2）操作要领

①从股价震荡上行来看：如图 4–5 所示，股价在 G 位置快速涨停前，该

股已经处于震荡回升趋势中。虽然价格回升趋势并不强劲，但该股的活跃度相对较高。

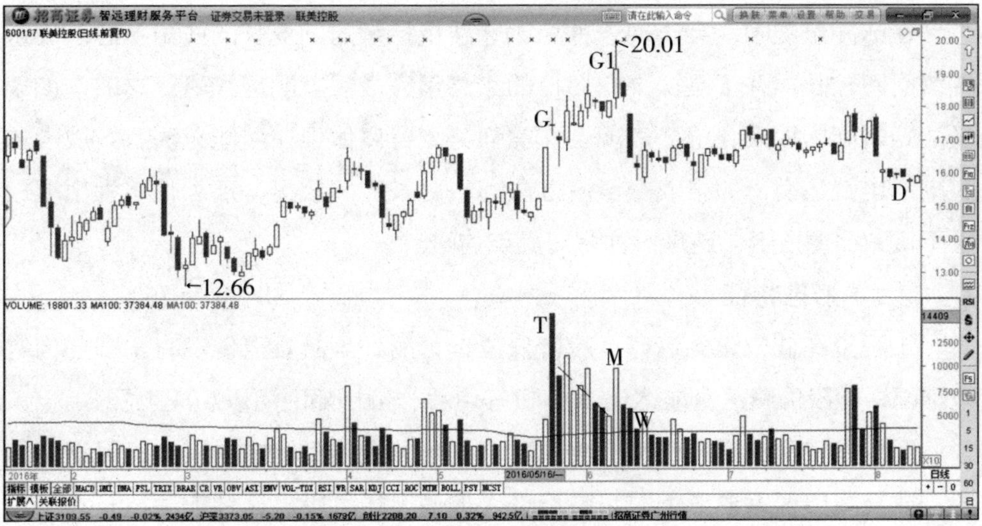

图 4-5　联美控股（600167）日 K 线图

②从脉冲天量推动价格上涨来看：随着脉冲量能的放大，图中 T 位置的脉冲量能达到天量，天量成交量相当于 100 日等量线对应量能的 3 倍以上。出现如此高的量能后，成交量在 M 位置继续脉冲放量，但是相比天量量能已经萎缩。

③从缩量脉冲提示背离卖点来看：量能萎缩期间，股价收盘价达到 G1 位置的新高价位，表明股价上涨出现了顶部特征。此时可以采取行动，尽快卖掉手中的股票。

④在脉冲天量推动下，股价在最高价位 G1 见顶回落。量能萎缩至 W 位置时，成交量低至 100 日等量线附近，价格很快出现下跌走势。可见，脉冲量能难以维持股价高位运行，脉冲量能后量价背离。卖掉股票后，价格下跌至 D 位置的低点，由此可见，量价背离减仓后，损失可以降到最小。

（3）小结

在短线高位的脉冲放量中，能够看到股价上涨潜力较小，量能萎缩提示股价见顶，典型的抛售机会出现在成交量接近 100 日等量线期间。

3. 放量不足的缩量顶

在脉冲量能中，会出现一种相比脉冲量持续时间更长的放量状态。放量持续时间较长，并不是一个交易日的最高量完成后就明显缩量。这时，如果量能短时间内放大，价格表现会非常强势，背离体现在量能无法有效放大的时刻。也就是说，如果成交量没办法出现更长时间放量，那么就认为出现放量不足的缩量顶部，这是一种背离卖点信号。

（1）形态特征

①股价在低位震荡运行：股价低位运行时，虽然收盘价没有出现任何有效涨幅，但股价震荡量能达到 100 日等量线，价格随时可以加速上涨。

②价格出现爆量拉升：量能达到 100 日均量线后，主力动向已经得到体现。成交量出现爆量形态时，股价进入加速上行阶段。这种加速拉升不一定是牛市行情信号，通常是股价局部走强的形态。

③放量不足提示卖点：量能不足的情况下，股价难以维持短线高位运行。相比爆量拉升的情况，成交量维持平量期间股价继续回升，这就是背离卖点信号了。

（2）操作要领

①从股价在低位震荡运行来看：如图 4-6 所示，股价在低位运行期间，B 位置的成交量稳定在 100 日等量线上方，股价则回调至 D 位置的局部行情低点，表明该股已经调整到位。

②从价格出现爆量拉升来看：图中显示的 F 位置量能有效放大，量能相当于 100 日等量线对应成交量的 4 倍以上，可见放量效果非常惊人。股价表现上，该股快速飙升到 G 位置的价格高位，局部行情涨幅达 35%。

③从放量不足提示卖点来看：放量期间该股虽然表现强势，但量能不足的弊病随后也体现了出来。图中 F1 位置的量能明显低于 F 位置的爆量状态，这限制了该股的后续表现。相对缩量情况下，股价在 G1 位置的高位见顶，

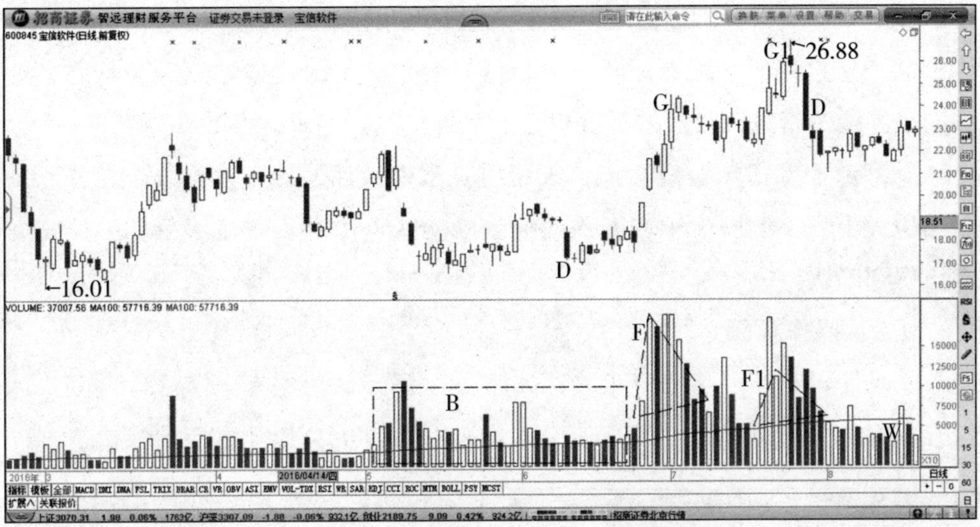

图 4-6　宝信软件（600845）日 K 线图

继续回升空间为 15%，明显低于 35% 的涨幅，可见已经出现背离卖点。

④衡量局部行情中的量能放大状况，成交量没能在 F1 位置有效放大，表明成交量已经相对萎缩，这与股价再创收盘新高形成背离。确认这一点非常重要，这样能使投资者在背离状态下判断高位卖点，减少因股价下跌带来的损失。

（3）小结

在一段时间里，如果成交量放量不足，则会限制股价涨幅。放量不足是量价背离的卖点信号。

4. 跳空上涨的量价背离

股价经历一字涨停后，一字涨停板打开期间，追涨资金大量成交，使成交量迅速达到天量状态。天量量能形成后，股价在高价区出现缩量回升的走势。在量能萎缩过程中，虽然股价表现相对强势，但收盘上涨的空间非常有限。根据缩量形态确认量价背离，高价区卖点已经出现。

（1）形态特征

①股价连续一字涨停：股价连续一字涨停后，价格很快突破压力位。一

字涨停期间，成交量明显萎缩，这是典型的地量拉升走势。

②天量打开一字板：一字涨停板打开后，成交量迅速达到天量状态，这成为盈利投资者兑现收益的重要机会。量能越高，筹码转换效率越高。

③缩量顶部提示背离卖点：天量打开涨停板后，接下来量能维持在 100 日等量线上方，但股价出现下跌趋势。量能低于 100 日等量线后，股价背离卖点得到确认。

（2）操作要领

①从股价连续一字涨停来看：如图 4–7 所示，价格在一字涨停期间快速拉升，很快达到 20 元上方的高价区。一字涨停期间，量能维持地量状态。

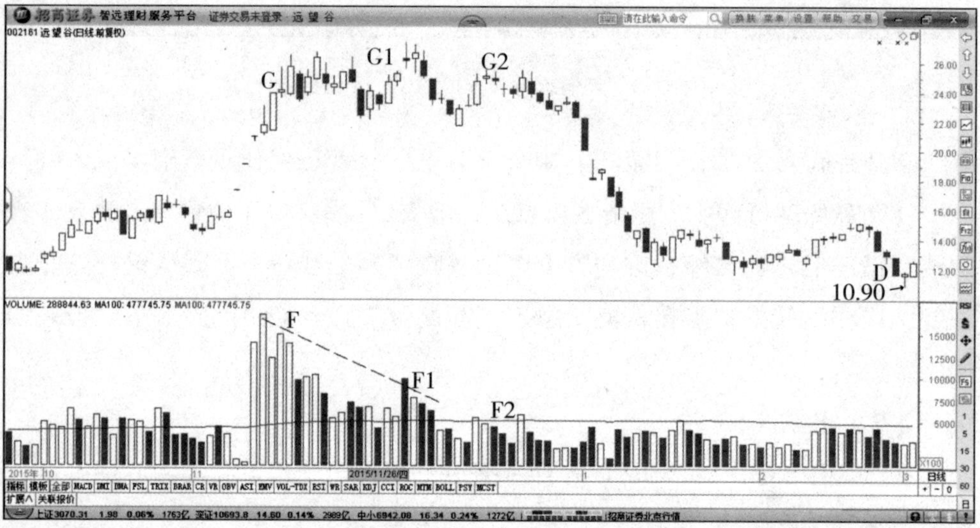

图 4–7　远望谷（002161）日 K 线图

②从天量打开一字板来看：F 位置的天量量能是一字涨停后筹码大幅换手的标志，股价打开涨停板后，达到 G 位置的收盘价高位。

③从缩量顶部提示背离卖点来看：成交量从 F 位置缩量到 F1 时，量能萎缩期间股价回升到 G1 位置高位。量价背离提示股价上涨乏力，可以把握好 G1 位置的高抛交易机会。

④天量打开涨停板后，成交量急速萎缩，F2 位置量能已经低于 100 日等

量线，使股价在 G2 位置见顶价格高位。从交易机会看，跳空上涨的量价背离提示卖点非常有效，后期股价暴跌至 D 位置的价格低点。投资者可以在背离期间卖掉股票，以减少下跌带来的亏损。

（3）小结

一字涨停板打开后，大量追涨买入股票的资金得以成交。量能达到天量后，成交量进入萎缩态势，同时价格进入量价背离的卖点价位。

5. 放量下跌背离

股价出现回落时，下跌空间较大，使股价超跌后出现放量回落的情况。股价下跌期间，主力投资者正在积极买入股票，使股价下跌空间进一步收窄。事实上，股价放量下跌的情况是不可能长期持续的，超跌后主力投资者在价格下跌期间买入股票，股价放量下跌已经提示背离买点信号，表明距离股价企稳已经不远，放量下跌一段时间后，将迎来反弹行情。

（1）形态特征

①股价经历暴跌行情：股价经历暴跌走势后，下跌空间较大，已经具备反弹的基础。

②价格低位放量下跌：股价超跌后，放量状态下的下跌进一步形成，股价出现收盘价新低。

③背离下跌提示买点信息：股价放量回落期间，背离已经提示股价下跌到位。股价跌幅超过 50% 时，背离提示的买点不容错过。

（2）操作要领

①从股价经历暴跌行情来看：如图 4-8 所示，股价从高位回落后，价格下跌至 G 位置的价格平台，该股跌幅已经高达 44%。跌幅较大，反弹的机会将增加。

②从价格在低位放量下跌来看：图中 G 位置的价格平台中，F 位置量能放大提示量价背离。虽然股价收盘价依然出现新低，但放量状态下该股回落空间已经很有限。

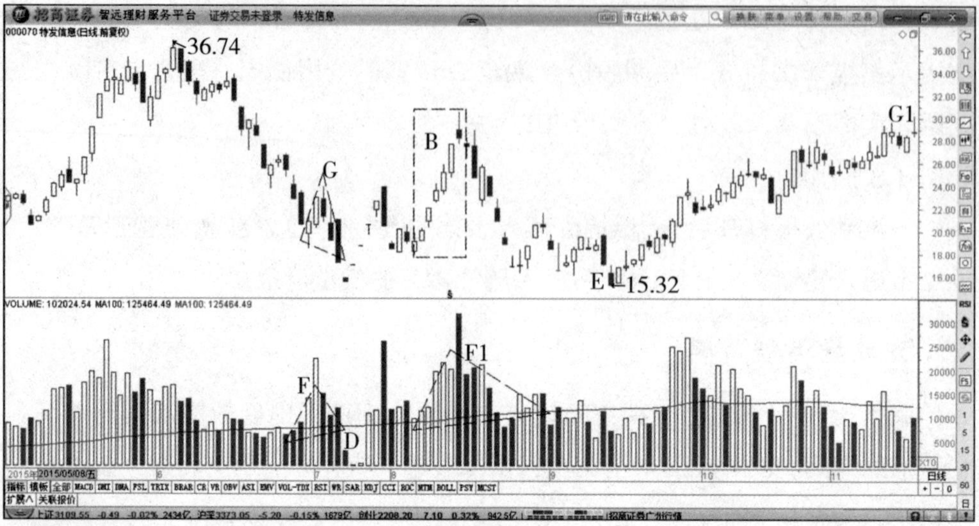

图 4-8 特发信息（000070）日 K 线图

③从背离下跌提示买点信息来看：股价放量运行期间，收盘价再创新低。D 位置量能达到地量，出现股价背离买点。确认建仓后，图中股价在 B 位置的反弹力度较大，波动行情中盈利能够接近 70%。

④在暴跌行情中，股价缩量下跌是常见的量价表现。如果股价跌幅过大，场外投资者买入股票的热情增加，那么股价就会出现反弹走势。价格反弹期间，技术性反弹提供的背离买点不容忽视。价格在放量状态下下跌，本身就是不可持续的情况。该股的底部背离提供的建仓价位已经低至 16 元以下，持股后可以在波段反弹中大赚 70%。

（3）小结

股价已经出现 50% 以上的跌幅，这时价格继续放量下跌，只能是场外资金快速建仓的信号。理性的投资者都会意识到股价超跌，股价放量下跌的背离走势则提示买点信号。

第 3 节　100 日等量线在量价背离中的运用

判断成交量放大和萎缩趋势，100 日等量线可以成为衡量标准。量能达到 100 日等量线上方，这是有效的放量信号，表明推动价格上涨的量能因素被看好。成交量萎缩低于 100 日等量线，表明促使股价下跌的缩量量能延续，价格下跌趋势可能持续。

1. 缩量至 100 日等量线的量价背离

股价进入回升趋势后，如果成交量始终处于放大状态，那么股价收盘可以不断达到新高。然而，多数个股大幅回升后都会出现持续缩量的顶部。虽然收盘价高位运行，但量能萎缩并低于 100 日等量线，这是量价背离的高抛卖点信号。

选择价格高位抛售股票后，能有效规避股价回落带来的损失。实际上，成交量低于 100 日等量线的情况下，股价不可能维持强势格局，短期强势提供了高抛卖点机会。

（1）形态特征

①股价放量飙升：在放量飙升阶段，股价上涨趋势强劲。如果主力拉升股价意图明确，那么股价还能在地量状态下快速飙升。

②天量之后量能萎缩：出现天量量能后，接下来成交量相对萎缩，股价上涨趋势减弱，开始出现顶部特征。

③量能低于 100 日等量线出现卖点：出现天量量能后，量能萎缩期间，如果成交量低于 100 日等量线，那么就会出现缩量卖点。期间股价依然运行在高位，可以确认量价已经出现背离，这是卖掉股票的好时机。

（2）操作要领

①从股价放量飙升来看：如图 4–9 所示，股价进入回升阶段后，图中 W 位置量能萎缩期间，股价呈现一字状态。该股整体涨幅较大，收盘价达到图中 1 位置的 16 元时，涨幅已经达到 100%。

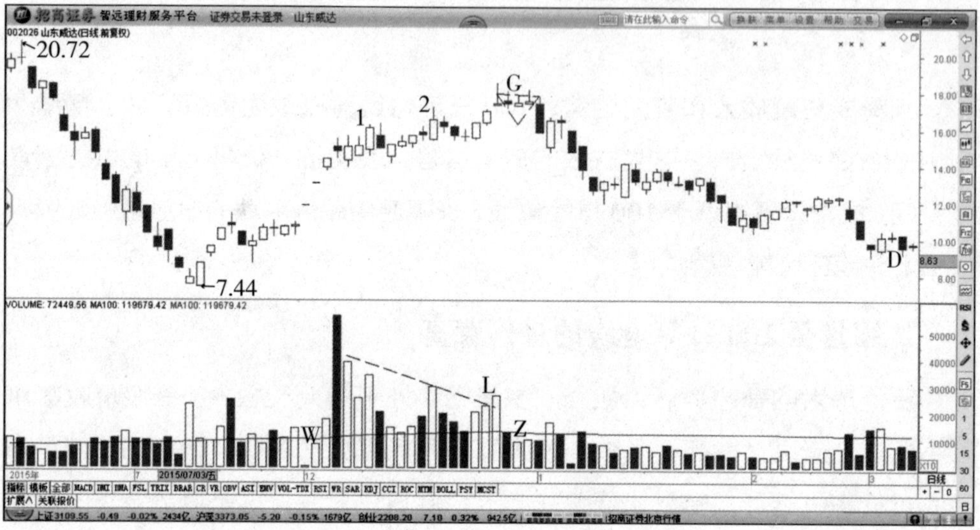

图 4–9　山东威达（002026）日 K 线图

②从天量之后量能萎缩来看：一字涨停后，主力动用大量资金拉升股价，该股出现天量量能。随着量能由天量萎缩至 L 位置，股价收盘价分别达到 2 和 G 位置的高位，这已经形成量价背离的回升趋势。

③从量能低于 100 日等量线出现卖点来看：量能在 Z 位置低于 100 日等量线，此时该股收盘价依然在 G 位置高位，可见已经出现抛售机会。如果在图中 G 位置卖掉股票，那么价格下跌到 D 位置时，可以避免一大截亏损。

④量价背离阶段，股价依然维持在 G 位置的价格高位，可见有很多高价抛售股票的机会。只需要在 G 位置的收盘价高位卖掉股票，便可以减少因股价下跌带来的损失。

（3）小结

显著放量的回升趋势中，只要成交量萎缩低于 100 日等量线，就可以确认缩量顶卖点。收盘价创新高而量能低于 100 日等量线，股价自然会进入下跌趋势。

2. 放量至 100 日等量线的量价背离

成交量超过 100 日等量线后，股价将处于活跃状态，期间价格不会轻易出现下跌的情况。如果股价在量能放大的状态下出现杀跌，而成交量明显超过 100 日等量线，那么这是放量下跌的背离形态，提示股价已经成功触底。

成交量明显超过 100 日等量线时，股价继续下跌空间有限。如果价格依然运行在低位，那么主力很快可以完成建仓动作。放量下跌的背离形态提示效果明显，价格达到背离后的低价买点位置，持股者可以很快获得收益。

（1）形态特征

①成交量达到 100 日等量线：成交量达到 100 日等量线，这时股价表现依然弱势，可以认为量价出现了微弱的背离。

②价格放量下挫：成交量显著超过 100 日等量线期间，抛售的股票数量大增，股价很快会下跌至低价区。这时量价背离依然存在，并且背离形态更加显著。

③出现量能进一步放大的背离：股价放量下跌后，成交量进一步放大，量能明显高于 100 日等量线时，价格却再创收盘新低，这时，放量状态下股价有很强的回升潜力。量价背离提示了买点机会，投资者可以低价买入股票。

（2）操作要领

①从成交量达到 100 日等量线来看：如图 4–10 所示，图中 F 位置成交量明显达到 100 日等量线上方，这时股价却震荡弱势下跌，背离提示该股继续下跌的空间有限。

②从价格放量下挫来看：股价杀跌至 R 位置的价格低点后，图中 B 位置的量能明显放大，背离提示的买点得到进一步确认。

③从出现量能进一步放大的背离走势来看：F1 位置的量能明显超过 F 位置的量能，成交量高于 100 日等量线。结合股价已经进一步下跌的现实，可

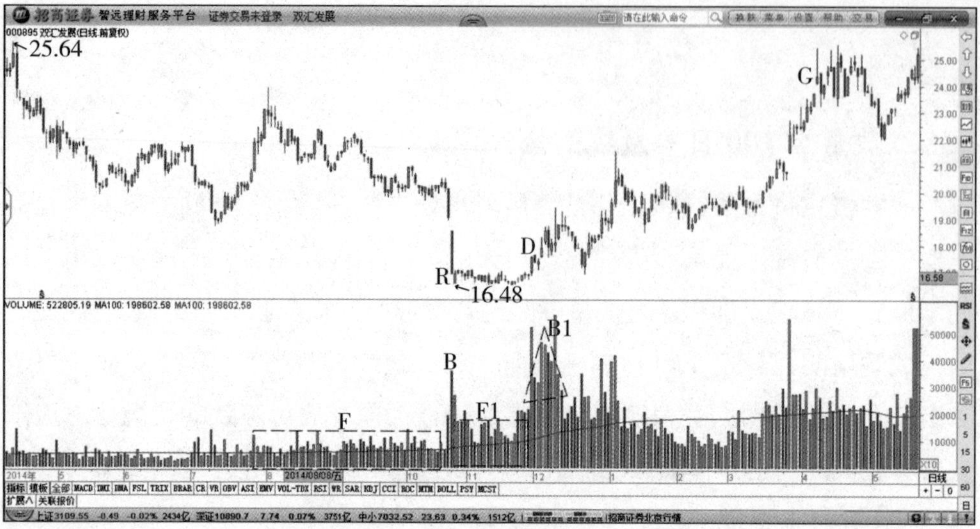

图 4-10　双汇发展（000895）日 K 线图

知买点已经在图中出现。

④量能放大至 100 日等量线后，背离进一步加深。量能在 B1 位置显著放大后，价格在 D 位置形成突破，该股随后飙升到 G 位置高位，股价一再背离后反弹超过 50%。如果在低价区抄底该股，盈利空间丰厚。

（3）小结

下跌趋势中，成交量达到 100 日等量线时，股价依然在下跌。不过，量能达到 100 日等量线 2 倍以上时，量价背离的买点值得大量建仓。

第 4 节　量能局部背离提示反转

从量价关系判断价格走势，如果成交量与股价形成背离，即便是局部量价背离，依然可以成为提示交易机会的信号。因为股票交易期间，量能的放大或萎缩处于一定的趋势之中。局部量价背离后，量价并不像预期那样运行，这便是背离形态的典型反向交易信号。

1. 回升趋势量价背离

在典型的放量回升阶段，成交量放大可以推动股价不断达到收盘价新高。这时，如果成交量不仅维持在 100 日等量线上方，而且处于放大趋势中，那么股价的回升趋势不会结束。如果股价大涨后开始出现调整，那么收盘价创新高期间量能明显萎缩，则是局部量价背离的高抛交易信号。

在局部高抛卖点得到确认后，价格进入回调状态。这时，量能继续萎缩到 100 日等量线下方，股价短线下跌的概率就会很高。通常来说，价格运行强势的情况下，量能不会轻易回调到 100 日等量线以下。量能回调到 100 日等量线下方，只能说背离提示的卖点进一步确认，高抛交易机会得到验证。

（1）形态特征

①股价连续放量上涨：成交量急剧放大后，股价以连续涨停阳线形式走强，这是比较典型的回升趋势。至少在波段行情中，股价放量上涨的走势不存在背离，可以成为持股的时段。

②出现价格高位缩量拉升背离：股价涨幅扩大后，价格在高位出现缩量调整的走势。期间，收盘价虽然能够大幅回升，但量能出现缩量，高抛卖点得到确认。

③量能低于 100 日等量线：价格回调期间，成交量开始低于 100 日等量线。股价下跌还未结束时，缩量提示的卖点依然有效。

（2）操作要领

①从股价连续放量上涨来看：如图 4–11 所示，成交量在 F 位置显著放量，量能明显高于 100 日等量线，股价从 11 元下方飙升到 16 元以上，涨幅超过 45%。

②从出现价格高位缩量拉升背离来看：股价连续回升后，价格回升到图中 G 位置的价格高位。G 位置出现大阳线时，当日量能明显低于前期 F 位置的量能，这是缩量上涨的背离形态。

③从量能低于 100 日等量线来看：量价背离后，股价缩量下跌到 D 位置的短线低位。价格震荡过程中，出现 Y 位置的阴线期间，量能明显在 W 位置

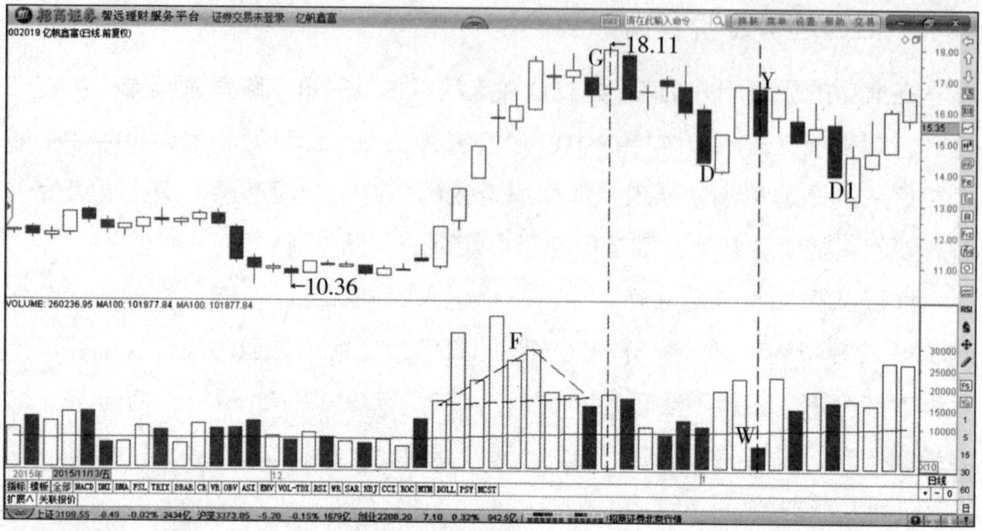

图 4-11 亿帆鑫富（现名亿帆医药，002019）日 K 线图

缩量。成交量萎缩到 100 日等量线下方，这是典型的缩量下跌信号。随后该股收盘价继续回落，下跌至 D1 位置的低点。

④在判断价格高位缩量顶部期间，量能萎缩时，价格上涨的空间有限。缩量更多体现了价格高位的背离状态。一旦确认背离，就可以马上卖掉股票，规避即将到来的调整行情。该股从价格高位回调到 D1 位置的最低点，跌幅达 20%，有必要在量价背离期间减少持股。

（3）小结

股价连续暴涨期间，高量能可以维持价格强势运行。一旦量能出现萎缩，量能还没有低于 100 日等量线时，量价背离的顶部就可以得到确认。

2. 回落趋势量价背离

在股价下跌阶段，如果成交量出现明显放大，股价持续回落空间有限，那么就会形成典型的低价区反弹走势。这样一来，在放量下跌期间，可以通过量价背离确认低价区的买点机会，从而获得价格反弹带来的收益。

通常来说，股价放量下跌期间，场外买入股票的投资者数量增加。投资者对股价后市表现持乐观态度，大都专注低价区的建仓机会。低价区放量建仓完成后，股价轻松反弹上涨。从交易机会来看，只要在低价区量价背离期间持有股票，就能获得不错的收益。

（1）形态特征

①股价放量杀跌：在成交量以脉冲形式放大期间，价格快速杀跌，股价短时间内跌幅较大。这时放量下跌成为典型的背离形态，同时也是低价买入股票的机会。

②价格低位再次放量：价格低位二次放量时，股价没有出现有效上涨。从量价关系来看，同样是量价背离形态。这时主力投资者低价吸筹，散户也可以抄底买入股票，持股待涨。

③放量期间股价强势回升：股价继续放量杀跌后，再次出现量价背离提示的低价区买点。这时投资者可以在低价买入股票，以便在股价回升后盈利。

（2）操作要领

①从股价放量杀跌来看：如图 4-12 所示，股价从 G 位置的价格高位回落后，图中 F 位置的高脉冲量能规模较大，表明该股是在量价背离的前提下回落的。

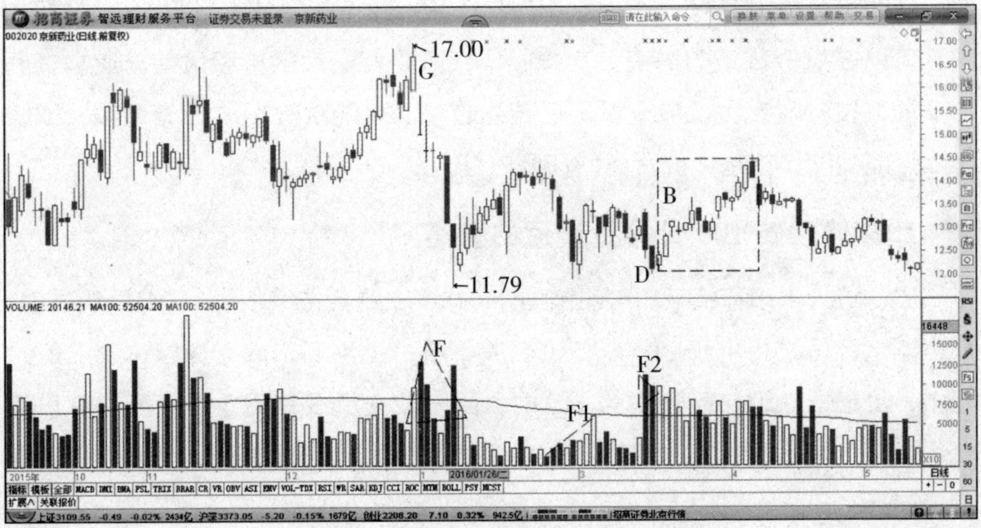

图 4-12　京新药业（002020）日 K 线图

②从价格在低位再次放量来看：股价回落至短线低位期间，图中 F1 位置再次出现放量迹象。不过股价波动空间较小，放量提示背离买点已经得到确认。

③从放量期间股价快速下跌来看：图中 F2 位置的量能显著放大，成交量达到 100 日等量线上方，推动股价快速下跌至图中 D 位置的价格低点。该股下跌空间较大，已经形成低价区买点。

④确认 D 位置量价背离买点后，股价在 B 位置显著反弹，价格涨幅达 17%。可见，通过量价背离确认买点后，技术性反弹期间的盈利还是很丰厚的。低价区的量价背离成为股价强势回升的推动因素，掌握这一点，投资者就可以在弱势行情中获得收益。

（3）小结

股价下跌期间成交量出现放大，这时价格跌幅显著收窄，低价区的量价背离可以视为买点信号。

第 5 节　量能前后背离提示股价牛市见顶

在牛市行情中，量价背离卖点出现在价格高位。如果成交量放大趋势减缓，那么可以在量价背离的情况下卖掉股票，减少背离后的持股风险。通常量价背离前，投资者会发现成交量出现萎缩趋势。量能跌破 100 日等量线，或爆量后量能萎缩，都是量价背离的预警信号。

1. 量能跌破 100 日等量线后的背离

股价进入牛市行情后，价格上涨期间并不一定会持续放量。在缩量状态中，价格依然能够维持上涨趋势。低价区股价放量上涨后，成交量整体萎缩的过程中，价格依然维持回升趋势。这时，因为成交量没有明显萎缩至 100 日等量线以下，表明股价还未见顶。如果量能低于 100 日等量线，那么股价就离见顶不远了。

典型的缩量顶部出现在成交量低于 100 日等量线时，确认高抛卖点也是在量能收缩到 100 日等量线之后。如果成交量萎缩，价格依然在高位缩量运行，那么卖掉股票就可以规避下跌风险。

（1）形态特征

①股价经历加速回升阶段：股价加速回升时，成交量放量明显。这时，主力主动拉升股价，量价同步上行的状态可以得到确认。

②量能萎缩态势延续到价格高位：主力拉升股价大幅回升后，接下来量能开始萎缩，但量能萎缩速度很慢，股价回升趋势依然得到延续。股价涨幅过高时，随时都可能出现量价背离的高抛卖点。

③量能萎缩低于 100 日等量线提示卖点：成交量萎缩并低于 100 日等量线后，股价的上涨势头已经接近尾声。如果这时股价继续反弹，并且量能出现萎缩，那么就能确认缩量顶部卖点。

（2）操作要领

①从股价经历加速回升阶段来看：如图 4-13 所示，股价在 B 段出现加速回升的走势，这是主力投资者快速操盘的阶段。股价连续放量，上涨趋势明显，价格很快进入高价位。

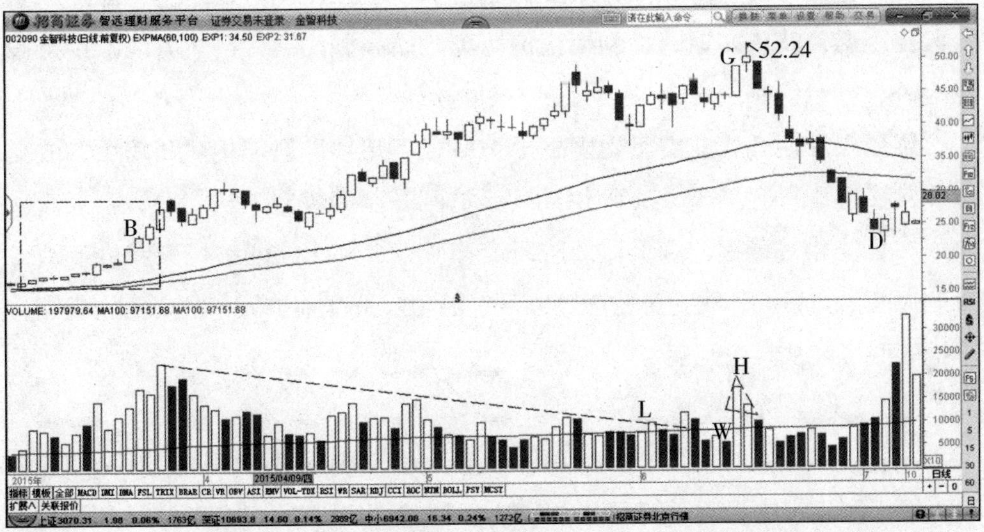

图 4-13　金智科技（002090）日 K 线图

②从量能萎缩趋势延续到价格高位来看：在 B 段加速回升以后，量能进入收缩阶段。成交量萎缩速度并不快，但萎缩到 L 位置时，已经接近 100 日等量线。

③从量能萎缩低于 100 日等量线提示卖点来看：成交量明显在 W 位置萎缩，并低于 100 日等量线，期间股价已经处于 45 元高价区。接下来，股价在 G 位置涨停后出现收盘棒槌线。H 位置的量能出现放大，第二个交易日便出现缩量，这是典型的主力拉升诱多信号，提示高抛卖点。

④在成交量持续萎缩的大趋势中，股价在 G 位置经历最后的飙升阶段，期间也出现了量价背离。可见，缩量上涨是无法持续的，价格高位的抛售机会已经得到确认。

（3）小结

低价区，成交量出现爆炸性的放大形态，这是主力低价快速吸筹的信号。股价进入回升趋势后，量能低于 100 日等量线时，视为量价背离卖点。

2. 爆量后的量价顶背离

股价经历爆量回升阶段，短时间内涨幅较大，连续出现的阳线成为牛市的标志性形态。爆量上涨后，成交量不再继续放大，相对萎缩的量能提示高价区出现量价背离。这时，利用量价背离判断高抛卖点，自然可以减少持股风险。

爆量上涨期间，成交量明显高于 100 日等量线。量能相对萎缩后，成交量非常接近 100 日等量线，缩量期间股价回升空间收窄。从交易机会来看，如果在量能相对萎缩的量价背离阶段卖掉股票，那么就能够规避股价下跌带来的风险。实际上，成交量相对萎缩后，随着股价涨幅扩大，背离更加明显，价格随时可能从高位回落。

（1）形态特征

①股价爆量飙升：随着量能回升，股价上涨不断延续。出现爆量量能期间，股价经历了牛市中最强劲的回升。连续出现大阳线形态后，牛市行情得到加强。

②出现相对缩量顶部：爆量量能持续时间不长，价格调整后量能相对缩量，这时缩量顶部正在确认高位抛售机会。

③高抛卖点得到确认：成交量明显从爆量萎缩后，成交量不断靠近 100 日均线。这时，不必等待价格跌破 100 日等量线，就可以提前确认高抛交易机会。

（2）操作要领

①从股价爆量飙升来看：如图 4–14 所示，图中显示的 B 位置量能很高，成交量相当于 100 日等量线 2 倍以上。这时，股价在 H 位置快速飙升，涨幅高达 90%。可见，该股正在经历牛市行情的快速飙升阶段。

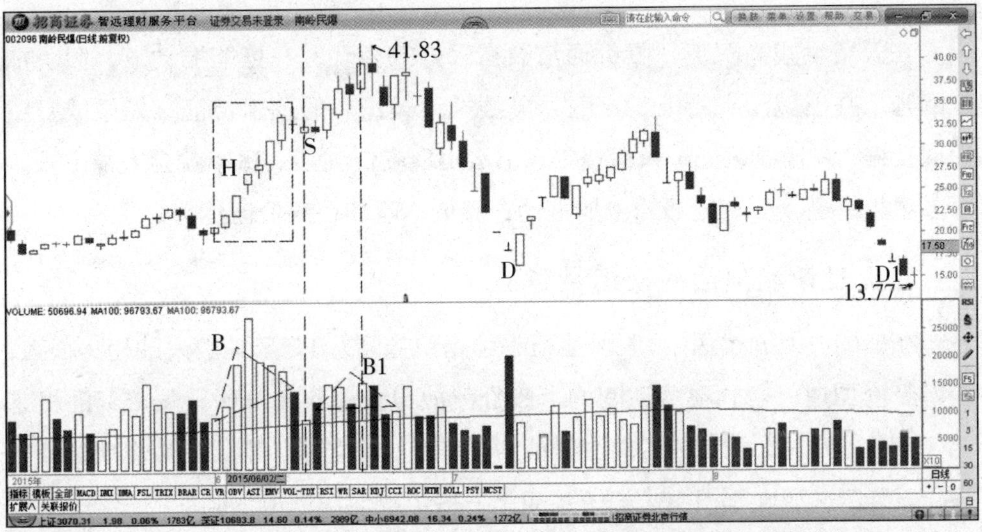

图 4–14　南岭民爆（002096）日 K 线图

②从出现相对缩量顶部来看：图中 B1 位置量能相对 B 位置明显缩量，成交量虽然高于 100 日等量线，但缩量迹象明显。爆量上涨拉升后，股价相对缩量顶正在确认。价格上涨期间量能萎缩，是明显的背离卖点信号。

③从高抛卖点得到确认来看：图中 S 位置对应的量能明显缩量，但接下来 B1 位置的量能明显不足，可以在 S 位置后的 5 个交易日内卖掉股票。

④对比 B 位置的爆量量能和 B1 位置的相对缩量量能，可以发现，价格

创新高期间量能萎缩，背离卖点得到确认。选择高位卖点期间，可以不关注单一交易日的卖点，而将减仓交易机会放在 B1 位置相对缩量对应的交易日范围，这样，同样能够规避因股价回落带来的损失。

（3）小结

在股价加速回升阶段，成交量出现爆炸性放大。接下来量能不再放大时，意味着股价上涨潜力减弱，量价背离提示的卖点出现在高价区。

第 6 节　天量量能后的量价背离卖点解读

在天量量能情况下，股价通常会有较好的表现。在量能推动下，股价加速回升，并出现顶部特征。这时，需要关注天量后的顶部特征。如果成交量出现萎缩，并且显著低于天量量能，那么出现股价尖顶的概率就会大幅上升。可以想象的是，没有足够的量能推动，股价不可能在高价区运行。

1. 天量量能顶后两次缩量背离

在量能放大的过程中，股价运行趋势是单边回升的。量能放大的趋势很强，使得股价加速上行。在短时间内，股价就放量上涨到高价区。从交易时机来看，可以在天量量能完成后关注量价背离卖点。如果接下来成交量出现萎缩，脉冲量能两次放大都没有超过天量量能，股价就会出现见顶回落的走势。

实战中，出现天量顶部形态期间，股价成功见顶。出现脉冲量能时，成交量已经难以达到天量状态。这时，脉冲量能推动的价格反弹期间，是比较典型的量价背离抛售机会。

（1）形态特征

①量价同步回升：主力拉升股价阶段，量能越大，价格连续飙升的空间越高。实战中，通过确认量能达到回升后的天量和价格大幅飙升走势，可以看出股价具有良好的回升趋势。

②出现天量顶部特征：量能回升过程中，量能持续放大至天量状态。这时，股价的天量顶部得到确认。天量顶部之后，价格难以再创新高。

③脉冲放量的高抛卖点得到确认：脉冲放量的量能相对天量量能小很多，这时股价依然达到收盘价新高，高抛卖点得到确认。连续两次量能不高的脉冲拉升完成后，出现价格高位的抛售机会。

（2）操作要领

①从量价同步回升来看：如图 4–15 所示，图中量能持续放大期间，T 位置的成交量持续放大，股价飙升到 G 位置价格高位，该股持续飙升达 60%。

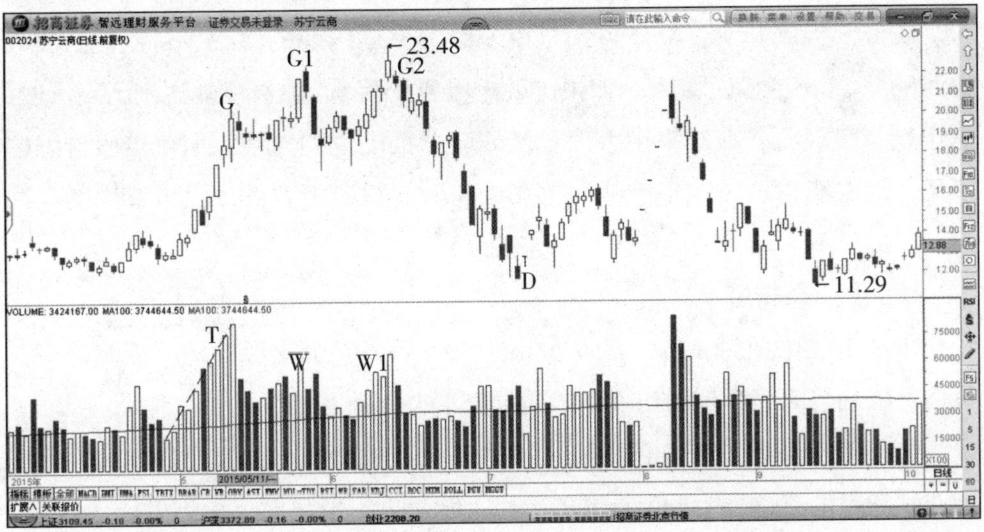

图 4–15　苏宁云商（现名苏宁易购，002024）日 K 线图

②从出现天量顶部特征来看：股价放量达到 T 位置的天量量能状态后，该股充分释放了飙升潜力，股价快速飙升到 G 位置的价格高位。接下来，图中 W 和 W1 位置的脉冲量能虽然也放大，但没能达到天量后的新高量能，说明已经出现价格高位背离卖点。

③从脉冲放量的高抛卖点得到确认来看：图中 G1 和 G2 位置量能有效放大期间，股价成交量低于天量量能，选择 G1 或 G2 位置的价格高位卖掉股票，可以规避价格下跌带来的损失。

④出现天量顶部时，主力投资者大幅拉升股价上涨。在天量上涨期间，该股已经释放了飙升潜力。相对天量量能萎缩的情况，在G2位置背离卖点减少持股，股价下跌至D位置的低点时，能够有效避开亏损50%的调整行情。

（3）小结

在成交量集中放大时，量能达到天量状态，股价同步进入高价区。成交量一旦低于天量量能，就意味着已经出现量价背离卖点。

2. 集中放量后的天量背离

股价大幅飙升后，缩量见顶是很多股票都会出现的情况。量能无法放大的情况下，股价会见顶下跌。如果出现天量量能后，收盘价没能达到新高价位，这也是背离现象。通常来说，天量量能可以推动价格大涨，但倘若股价涨幅不足，就说明量价背离提示的高抛卖点有效。投资者要按照量价背离的交易原则卖掉股票，减少因股价下跌带来的亏损。

（1）形态特征

①股价集中放量上涨：成交量集中放大后，股价出现放量上涨的情况，价格上涨趋势明显，这时出现了天量顶部形态。

②天量拉升收盘未能创新高：虽然出现天量量能，但股价在收盘价上没能达到新高价位，表明天量推动的价格上涨乏力，背离卖点得到确认。

③缩量反弹提示背离卖点：缩量反弹期间，股价收盘达到新高价位，这时缩量顶部确认的背离卖点成为减仓机会。

（2）操作要领

①从股价集中放量上涨来看：如图4-16所示，股价放量飙升到图中G位置的价格高位，股价涨幅较大，该股已经接近顶部价位。

②从天量拉升、收盘未能创新高来看：F位置的量能放大趋势中，T位置的量能达到天量，股价收盘价则只达到G1位置，收盘价没能超过G位置，提示量价背离卖点出现。

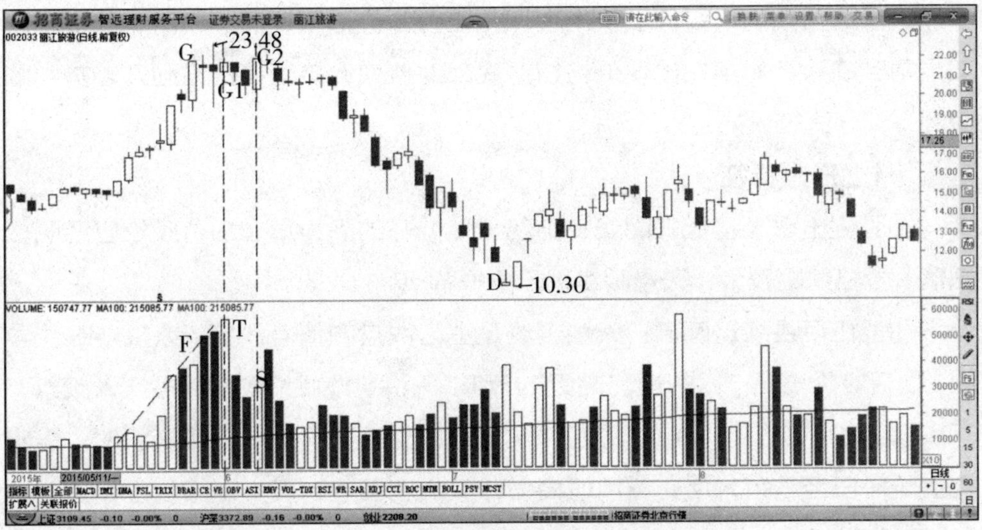

图 4-16　丽江旅游（002033）日 K 线图

③从缩量反弹提示背离卖点来看：股价继续反弹后，S 位置的量能明显萎缩的情况下，股价收盘价达到新高，这也是一个量价背离卖点，表明价格高位的缩量顶部已经出现，G2 位置成为典型的高抛机会。

④天量顶部背离是主力诱多拉升的结果，缩量顶部则是更明确的背离形态。确认这一点以后，卖掉股票，价格杀跌至 D 位置的低点期间，可以避免较大损失。

（3）小结

股价飙升至高价区，天量量能出现期间，股价表现较弱，这是一种量价背离的卖点信号。

3. 天量洗盘后的量价背离

价格低位运行期间，出现天量量能后，阴线形态提示主力正在洗盘。在洗盘时，主力大量抛售股票，给散户投资者一种打压出货的错觉。实际上，主力并不是要打压股价，也不是真正要出货，而是利用天量打压来达到洗盘的目的。洗盘结束，价格企稳后就会出现买点。

天量洗盘期间，股价很快出现调整走势。价格回调后，缩量底部提示的买点得到确认。如果在出现价格缩量底部时抄底，接下来价格回升趋势中的盈利空间会比较大。

（1）形态特征

①股价出现天量低开阴线：出现天量低开的阴线形态后，股价已经明显回落。价格跌幅较大，天量阴线提示量价背离。

②价格很快缩量回调：天量阴线是主力洗盘的信号，接下来量能很快萎缩，使得股价出现下跌的情况，投资者可以等待量能收缩到位以后买入股票。

③量能出现低于 100 日等量线买点：成交量低于 100 日等量线时，表明洗盘阶段已经结束。成交量明显萎缩，股价已经达到真实底部价位，这时可以买进股票。

（2）操作要领

①从股价出现天量低开阴线来看：如图 4–17 所示，图中 T 位置的成交量达到天量后，股价很快在 D 位置出现低开大阴线形态，价格下跌速度很快，天量推动的背离买点得到确认。

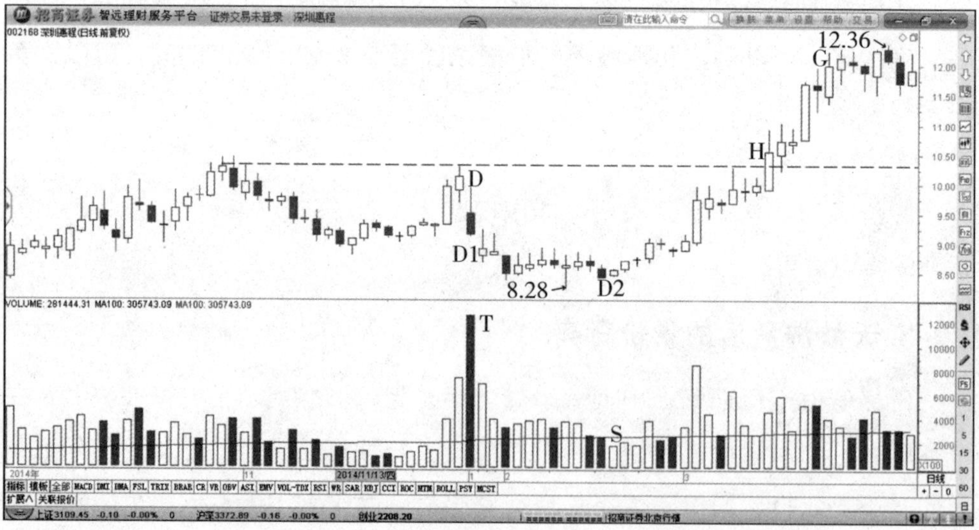

图 4–17　深圳惠程（现名惠程科技，002168）日 K 线图

②从价格很快缩量回调来看：D 位置出现低开阴线后，D1 位置股价继续低开，量能萎缩期间，价格达到 D2 位置的低价区。

③从量能出现低于 100 日等量线买点来看：在 S 位置，成交量处于 100 日等量线下方时，已经形成股价缩量底部，出现真实的低价位买点。

④出现天量量能期间，价格没有出现大涨，反而因为主力洗盘快速杀跌。量价背离后，投资者若在缩量底部抄底该股，价格反弹至 H 位置后突破短线高位，到 G 位置的 12 元高点，可以盈利 40% 以上。

（3）小结

低价区股价放量下跌持续时间很短，是主力利用脉冲放量打压股价的量价形态。放量阴线提示主力洗盘后出现低价买点，值得投资者建仓买入股票。

第 7 节　价格底部的放量背离形态买点

在下跌趋势中，股价缩量下跌的情况下，价格下跌趋势不会很快出现结束的迹象。如果股价跌幅较大，低价区出现放量底部形态，表明股价已经接近真实的底部。放量创新低期间，股价下跌动力减弱，背离提示的买点不容忽视。

1. 放量创新低的量价背离

股价缩量下跌期间，价格跌幅已经很大时，股价依然出现下跌走势。这时，成交量明显放大并接近 100 日等量线，这是量价背离的信号。量价背离后，股价继续下跌空间有限。根据背离提示的买点，投资者可以在价格回落后抄底。如果背离有效，股价将很快脱离价格低位，持股就能够获得不错的收益。

（1）形态特征

①股价经历明显的缩量下跌走势：股价经历下跌走势，成交量明显出现缩量情况，价格跌幅超过 30%。

②价格低位放量回落背离买点：股价缩量下跌后，价格在低位出现反弹走势。但是，反弹空间非常有限，股价在放量状态下二次回落，这是量价背离的买点信号。放量杀跌后，收盘价依然是下跌趋势中的最低价，建仓机会就出现在这个时候。

③放量推动价格脱离底部：股价放量下跌后，价格低位出现放量回升走势。价格很快脱离价格低位，股价放量走强期间，投资者可以持股待涨。

（2）操作要领

①从股价经历明显缩量下跌走势来看：如图 4–18 所示，股价从高位回落后，价格下跌至 D 位置的价格低点，股价跌幅高达 40%。可见，该股缩量期间已经调整到位。

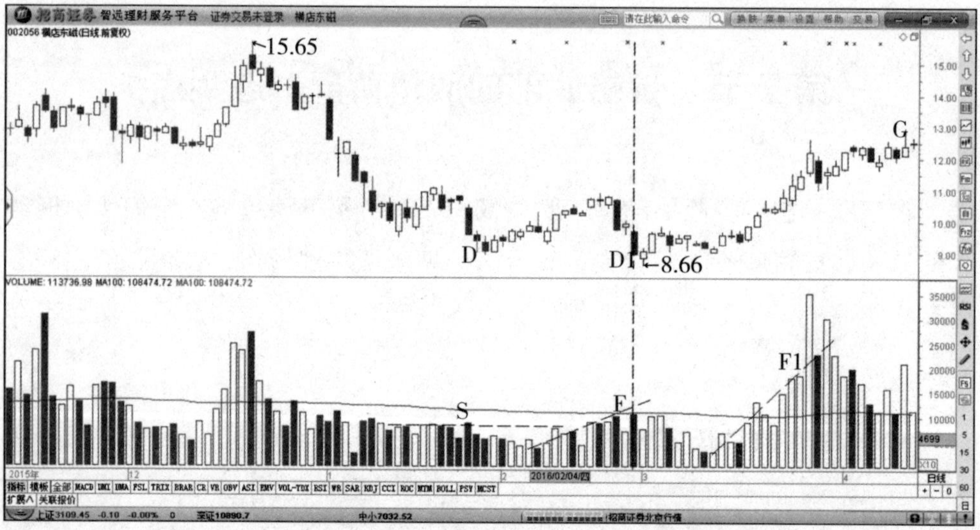

图 4–18　横店东磁（002056）日 K 线图

②从价格低位放量回落背离买点来看：S 位置的成交量明显萎缩，股价弱势反弹期间，图中 D 位置的股价快速回落。同时，F 位置的量能显著放大，这是放量下跌形态，同时也是价格低位量价背离的建仓信号。

③从放量推动价格脱离底部来看：股价放量下跌背离后，图中 D1 位置已经是不错的买点。接下来，股价在较短的时间里企稳回升。F1 位置的量能完

全是持续放大的状态，股价收盘达到G位置的12元上方，涨幅已达30%。

④股价在D位置触底后，虽然该股以放量形式完成D1位置的收盘价新低，但这只是价格超跌的一种表现。背离提示的跌幅到位，买点就在D1位置出现。

（3）小结

在下跌趋势中，股价下跌空间已经很大，但价格低位的放量杀跌并非股价继续下跌的信号。低价位放量下挫可以认为是主力的洗盘动作，洗盘后股价收盘价格达到最低位，这不仅有助于主力低价建仓，同时也为接下来股价大涨打开了空间。

2. 低价放量洗盘的背离

股价大幅杀跌后，低价区洗盘期间，股价短线跌幅比较有限。产生低价区的放量回落走势后，出现典型的背离买点。在价格低位，股价下跌空间非常有限。主力投资者虽然洗盘打压股价，但股价进一步回落的空间不大。这时，主力洗盘力度不大，低价区的买点不容忽视。

量能放大、股价下跌期间，价格已经跌无可跌。接下来，成交量还会更高，股价摆脱价格低位只是时间问题。

（1）形态特征

①股价经历暴跌走势：股价经历暴跌走势后，成交量快速萎缩，投资者的买股热情快速降低。这时，股价很容易出现超跌反弹走势。

②低价区出现放量回落：如果股价暴跌后并未企稳，反而出现放量回落的情况，那么这时就会出现放量杀跌的背离形态。背离提示股价已经成功触底，价格下跌空间收窄，已经形成买点。

③放量期间股价企稳：量能放大的过程中，价格开始出现强有力的反弹走势。相比股价放量回落，成交量更大，从而推动价格不断达到收盘价新高。

（2）操作要领

①从股价经历暴跌走势来看：如图4–19所示，股价从G位置缩量下跌至D位置的价格低位，跌幅高达38%。股价大幅下跌后，成交量明显低于100日等量线。

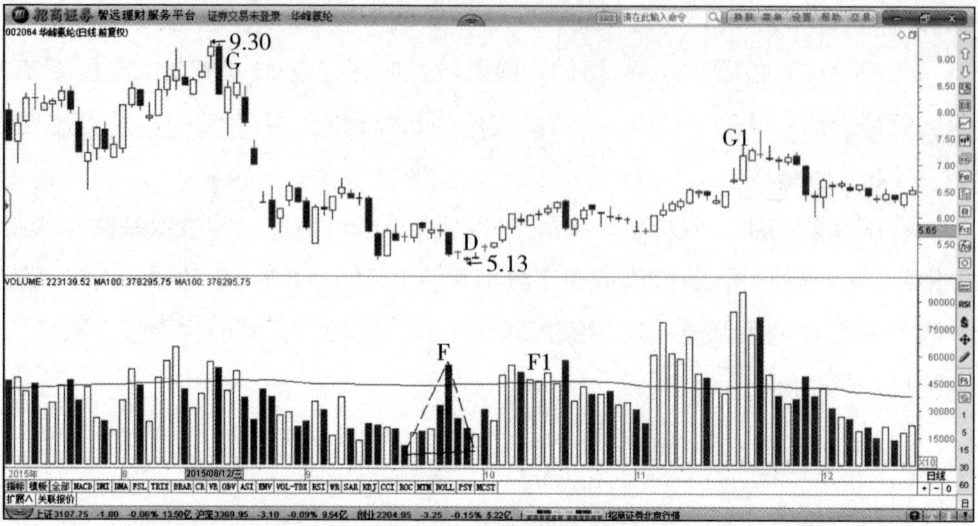

图 4-19 华峰氨纶（002064）日 K 线图

②从低价区出现放量回落来看：缩量状态持续时间不长，图中 F 位置量能出现放大，但股价再次达到收盘价低点。可见，股价在下跌趋势中的跌势未变，典型的买点就出现在 D 位置的底部区域。

③从放量期间股价企稳来看：图中 F 位置量能放大后，股价收盘再创新低，这时已经是量价背离状态，建仓机会出现在 D 位置。接下来，F1 位置的成交量显著放大至 100 日等量线上方，该股的回升潜力得到释放。股价飙升到 G1 位置的 7 元附近时，涨幅达 40%。

④ F 位置量能放大期间，股价在 D 位置的跌幅有限。虽然已经出现收盘价新低，但是这种偶然出现的价格新低并非股价加速下跌信号，而是量价背离的买点机会。

（3）小结

在低价区域，放量下跌很容易被投资者看成股价继续回落的信号。事实上，股价已经出现放量超跌的情况。股价超跌后，投资者可以在低价区买入股票，以便获得廉价筹码，同时提升盈利空间。

第5章

辅以涨跌交易日背离——RSI背离形态确认

从涨跌的交易天数来看，股价阳线形态出现的次数越多，股价上涨期间RSI指标的表现越强劲。一旦股价回调，价格再次上行的过程中，RSI指标表现出不够强势的状态，背离卖点就得到确认。

实战中，背离不仅出现在价格回升期间，也出现在股价长时间下跌的过程中，都是股价反转前的重要交易信息。在背离交易系统中，首先确认股价与指数背离，MACD指标背离、量能背离，都可以明显提升背离交易的精准度。随后RSI指标的背离提供了更加有效的背离形式，本章就从RSI指标的背离展开，分析交易日阳线数量变化对价格反转的影响。

第 1 节　RSI 指标概述

RSI 指标的计算方法很简单，该指标用于描述上涨天数在交易日中的占比。该指标数值从 0 到 100，数值越高显示回升趋势越强烈，数值越低表明下跌趋势越强烈。数值介于一定的范围内，显示该指标是一个震荡指标。50 线是 RSI 指标的多空分界线，指标在 50 线上下运行期间，交易机会可以通过 RSI 指标的表现来判断。

1.RSI 计算方法

$$N日\ RS=(A\div B)\times 100\%$$

公式中，A 指 N 日内收盘涨幅之和，B 指 N 日内收盘跌幅之和（取正值）。

$$N日\ RSI=100-100/(1+RS)$$

从计算公式看，RSI 的计算非常简单，实际理解为：在某一阶段，价格上涨所产生的波动占整个波动的百分比。

2.12 日 RSI 指标基本用法

RSI 指标用于描述价格运行期间的超买和超卖情况。如果股价没有超买和超卖，那么指标就运行在 20~80 之间。指标在 50 线上方提示价格处于回升趋势，当 RSI 指标跌破 50 线后，指标提示下跌趋势出现。在特定的价格趋势中，RSI 指标的位置已经体现了多空状况，提示股价运行的方向。基本的运行趋势可以通过 RSI 指标震荡来判断。

从 RSI 指标的基本用法来看，RSI 指标穿越 50 线提示买卖信号。向上穿越 50 线，表明指标正在走强，价格由看跌转为看涨。相反，指标跌破 50 线，股价由看涨转为看跌。

（1）形态特征

① RSI 指标向上穿越 50 线买点：股价从下跌趋势反转后，出现企稳信号。价格从低位反弹，反弹期间 RSI 指标穿越 50 线，提示回升趋势得到确认。

② RSI 指标跌破 50 线卖点：RSI 指标跌破 50 线，提示股价已经进入下跌趋势，这时任何反弹都将成为卖掉股票的机会。

③ RSI 指标超过 80 线的超买卖点：RSI 指标超过 80 线这条超买线后，价格走势过强，这时可以考虑卖出股票，避免因股价高位回落带来损失。

④ RSI 指标跌破 20 线的超卖买点：RSI 指标跌破 20 的超卖线后，价格下跌过多，这时可以考虑买入股票，以便在股价回升期间盈利。

（2）操作要领

①从 RSI 指标向上穿越 50 线买点来看：如图 5-1 所示，计算周期为 12 日的 RSI 指标在图中 T 位置向上穿越 50 线，提示 M 位置出现买点。M 位置是股价加速回升的起点，同时也是抄底该股的机会。

图 5-1 红阳能源（600758）日 K 线图

②从 RSI 指标跌破 50 线卖点来看：RSI 指标从高位 R 回落后，在 T1 位置跌破 50 线，提示 G1 位置出现抛售机会。

③从 RSI 指标超过 80 的超买卖点来看：RSI 指标回升阶段，指标回到 R 位置的超买位置，这是股价明显见顶的信号。

④从 RSI 指标跌破 20 的超卖买点来看：RSI 指标跌破 50 线后，股价进入下跌趋势。随着跌幅扩大，RSI 指标快速跌破 20 线，图中 D 位置出现 RSI 指标低于 20 线的超卖信号，可以在 M1 位置买入股票。

⑤ RSI 指标突破 50 线、指标的超买和超卖形态，都是常见的交易信号。图中 RSI 指标回升期间，股价继续回落到 M2 的收盘最低价。股价与 RSI 指标背离后，在 M2 位置形成更好的买点。

（3）小结

RSI 指标的震荡空间在 20~80 之间，高于 80 和低于 20 的指标分别处于超买和超卖状态。从超买或超卖状态下，指标的折返更容易导致背离形态出现，背离会成为行情逆转前的重要交易信号。

第 2 节　RSI 指标背离形式解读

股价加速运行阶段，RSI 指标很容易出现背离形态。单边趋势中，股价在一个方向上运行的时间较长，RSI 指标可以轻松达到超买或超卖状态。超买或超卖后，如果股价运行节奏减缓，RSI 指标向相反的方向运行，这时就会出现背离交易机会。

1.RSI 高位背离

价格单边回升期间，股价连续拉出阳线形态，在回升趋势中涨幅不断扩大。在股价加速回升阶段，RSI 指标会在价格高位背离，这时 RSI 指标提示的背离高抛卖点形成。虽然此时 RSI 指标已经出现背离，但价格强势表现并不一定结束。在 RSI 指标与股价背离的过程中，在价格高位的抛售机会不断得到确认。背离提示卖点后减少持股，在价格反转的过程中，能够减少因股价下跌带来的损失。

（1）形态特征

①股价经历加速回升阶段：牛市行情中，主力强势控盘期间，股价很容易出现明显的回升走势，这时也正是 RSI 指标单边回升的时刻。

② RSI 指标达到 80 以上超买位置：如果 RSI 指标单边回升到 80 以上，表明市场已经处于超买状态。RSI 指标超买后，接下来指标很难再创新高，容易形成背离形态。

③ RSI 指标背离回落提示卖点：看到 RSI 指标从 80 以上的超买区域回落时，出现典型的背离形态。虽然股价收盘创出新高，但持股风险大幅增加，卖掉股票的时机不容忽视。

（2）操作要领

①从股价经历加速回升阶段来看：如图 5-2 所示，股价连续飙升阶段，RSI 指标回升到 A 位置的超买区域。

图 5-2　益民集团（600824）日 K 线图

②从 RSI 指标进入 80 以上超买区域来看：只要 RSI 指标达到 80 以上，就认为市场已经超买，而 A 位置 RSI 数值高达 89.83，说明已经形成显著的超买。

③从 RSI 指标背离回落提示卖点来看：RSI 指标背离回落后，指标从 A 回落至 B 和 C 位置，指标反弹的高位不断向下移动，股价却在 G1 和 G2 位置连续达到收盘价新高。这两次指标与股价背离，都能够确认卖点。

④ RSI 指标与股价在高位两次背离后，该股很快出现下跌走势。股价从 G2 位置的 14.45 元附近下跌至 D 位置的收盘价 5.35 元，跌幅高达 63%。可见下跌趋势中，规避股价反转走势，的确可以将损失减少很多。

（3）小结

在股价大幅飙升的牛市行情中，RSI 指标背离趋势越明显，股价见顶的概率越高。如果 RSI 指标背离回调，不借助辅助线就能看到 RSI 指标数值回落，那么背离后股价将会有显著的杀跌走势。

2.RSI 低位背离

股价进入下跌趋势后，价格短期出现连续回落的情况，RSI 指标很容易与股价形成背离，这时，RSI 指标达到 20 以下超卖状态。随着超卖的出现，股价继续回落期间，RSI 指标已经出现反弹。虽然反弹空间可能较小，但提示的背离买点可以被确认。

从典型的低位反转来看，RSI 指标三次触底期间，股价也达到比低位更低的收盘点位。这样一来，就出现了典型的交易机会。RSI 指标与股价首次背离期间，就已经出现买点。接下来，如果形成第二次背离，并且还有资金加仓，那么就可以继续增加持股数量。背离次数越多，买入股票的风险越小，接下来就越能获得高收益。

（1）形态特征

①股价出现连续暴跌走势：短时间内股价跌幅较大，使得熊市行情很快得到确认。股价超跌过程中，RSI 指标出现同步下降。

② RSI 指标超卖反弹：RSI 指标出现超卖信号后，进一步超卖的可能性下降。RSI 指标无法维持在 20 下方，触底回升期间，底部不断抬升。

③ RSI 指标与股价两次背离提示买点：在 RSI 指标超卖反弹的过程中，

股价并未企稳，而是一再出现收盘价新低。可以说，指标超卖推动的价格回升走势中，RSI 指标已经与股价多次背离。每一次背离期间，都是建仓的机会。

（2）操作要领

①从股价出现连续暴跌走势来看：如图 5–3 所示，股价从高位杀跌至 H 位置的收盘价低位，股价跌幅高达 38%。股价下跌期间，不断出现跌停形态，提示该股表现非常弱势。弱势运行期间，出现反弹的概率不断提高。

图 5–3　人民同泰（600829）日 K 线图

②从 RSI 指标超卖反弹来看：股价深度回落至 H 位置时，RSI 指标已经触及 D 位置的超卖位置。超卖以后，RSI 指标触底回升，并且在 D1 和 D2 位置分别形成反弹。

③从 RSI 指标与股价两次背离提示买点来看：股价收盘价达到 H 位置后，接下来收盘价已经到达 H1 和 H2 位置。该股收盘价回落的跌幅有限，并且与 RSI 指标的反弹形成背离。两次背离期间，在 H1 和 H2 位置的收盘价低位出现买点。

④进入下跌趋势后，股价跌幅加大，背离期间出现典型的买点。在价位背离期间，建仓成本有望拉低至 10 元，价格飙升到 G 位置的 15 元高位时，盈利高达 50%。

（3）小结

经历暴跌走势后，股价出现收盘价新低的机会已经不多。出现间隔不久的底部时，RSI 指标与股价背离频率很高，提示的买点更加可靠。

第 3 节　回升趋势局部背离形态

在价格回升期间，价格连续回升的交易日较多，RSI 指标相应也能达到 80 以上的超买区域。指标超买以后，即便股价继续创出收盘价新高，也会出现背离形态。背离提示的卖点可以是短期的，比如回升趋势中的局部背离卖点。由于背离后价格上涨的潜力较大，也值得投资者关注。

1. 加速回升的 RSI 短期背离

在股价走强时，主力奋力拉升股价。股价以连续回升的形式达到收盘价新高，RSI 指标也表现出比较强势的走势。RSI 指标走强期间，指标数值达到 80 以上的超买状态，提示价格将形成超买的卖点。

超买并非是股价见顶的唯一信号，当股价收盘价出现新高后，RSI 指标出现相对回落，此时 RSI 指标与股价形成背离，背离提示的卖点更加重要。从股价加速回升的局部卖点来看，投资者将不得不谨慎对待背离形态。因为即便是局部背离，也将推动价格出现显著回调，这是惧怕亏损的投资者需要注意的地方。

（1）形态特征

①股价跳空上涨：在单边回升期间，股价以跳空的形式上涨。出现典型的价格走强信号后，也正在形成短线高位卖点。

②量能局部萎缩：成交量局部萎缩时，恰好是股价连续飙升的阶段，价格见顶的可能性很大。没有足够的量能推动，缩量之后价格很快进入调整状态，这是回升趋势中局部将出现回调的表现，出现概率很高。

③ RSI 背离提示卖点：量能萎缩提示股价上涨乏力，虽然收盘股价强势上攻，但 RSI 指标与股价明显形成背离，提示高抛卖点已经出现。如果这时减少持股，将能显著降低股价调整带来的损失。

（2）操作要领

①从股价跳空上涨来看：如图 5–4 所示，图中显示的 G 位置股价跳空上涨，接下来 G1 位置股价继续飙升，该股的走势表现得非常强势。

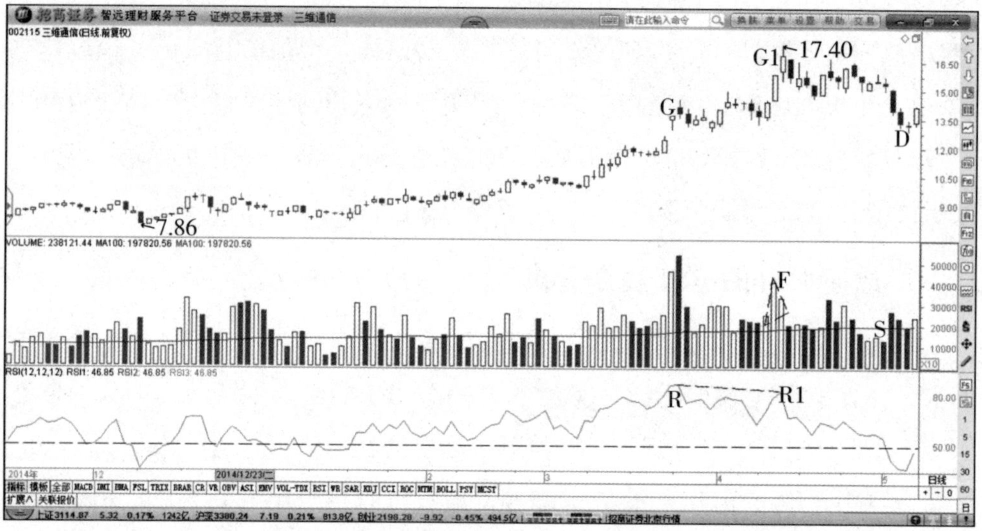

图 5–4　三维通信（002115）日 K 线图

②从量能局部萎缩来看：股价在 G1 位置飙升期间，成交量出现萎缩迹象，价格却出现飙升的走势。这样看来，该股上涨已经乏力。

③从 RSI 背离提示卖点来看：RSI 指标从 R 回落至 R1 位置的相对低位，指标回落与股价飙升到更高收盘价形成背离，这是典型的高抛卖点信号。

④背离提示卖点后，股价从 G1 位置大幅回落到 D 位置的低点，股价跌幅达 20%。这时，图中 S 位置成交量已经低于 100 日等量线，这是股价缩量

触底的信号。该股局部回调空间相对较大，投资者对价格波动比较敏感的话，需要卖掉股票来应对价格下跌。

（3）小结

价格稳步回升过程中，股价上涨过快会引起 RSI 指标达到 80 以上的超买区域。接下来，指标不能跟随股价达到新高位，就会出现局部背离，提示出现背离卖点。背离出现的速度很快，股价回调也是回升趋势中的局部调整。

2. 回升趋势跳涨期间 RSI 背离

在价格回升期间，股价上涨空间较大，RSI 指标会轻易达到 80 以上的超买区域，随后股价顶部形态得到确认。随着股价顶部和 RSI 顶部得到确认，价格已经进入双向震荡状态。从交易机会来看，股价震荡运行期间，可以根据 RSI 指标的背离回落确认高抛卖点，高抛机会出现在背离形态确认之后。局部背离提供了短线高抛机会，更高价位出现两次以上背离，高抛卖点更加典型。如果需要规避风险，那么就不得不考虑减少持股，在背离加强后卖掉全部股票。

（1）形态特征

①股价上涨趋势快速加强：股价回升趋势得到加强时，价格上涨速度加速，股价可能在价格高位出现一字涨停板的走势。

② RSI 指标出现背离卖点：虽然一字涨停板形态很强势，但是调整完成后的股价上涨期间，RSI 指标回调与股价出现背离。指标率先回落，提示高抛交易机会形成。

③两次背离提供两次高抛机会：RSI 指标在价格高位两次背离后，典型的高抛卖点进一步得到确认。股价收盘创新高期间，卖点表现得更加鲜明。

（2）操作要领

①从股价上涨趋势快速加强来看：如图 5–5 所示，股价单边回升期间，价格达到 G 位置的收盘价高位，短线调整后该股在 G1 位置出现一字涨停板，价格达到收盘价新高。可见，该股表现很强势。

图 5-5 中国海诚（002116）日 K 线图

②从 RSI 指标出现背离卖点来看：股价在 G1 位置一字涨停期间，RSI 指标仅仅反弹至 R1 位置，虽然依然在 80 以上的超买状态，但是已经低于 R 位置，这是 RSI 指标与股价背离的卖点信号。

③从两次背离提供两次高抛机会来看：首次背离后，股价从 G1 位置回落达 20%。接下来，该股止跌回升，进一步创造了 G2 位置的高抛卖点。R2 位置明显低于 R1 位置，背离提示的高抛交易机会出现在 G2 位置。

④在局部回调期间，背离后该股从 G1 位置回落 20%。接下来，RSI 指标在 R2 位置与 G2 位置背离，股价下跌至 D 位置后跌幅达 40%。局部背离成为股价小幅调整的信号，两次背离后，股价见顶的形态得到确认。

（3）小结

股价进入顶部后，价格波动强度加强。高强度的脉冲拉升期间，虽然 RSI 指标表现依然抢眼，指标达到 80 超买区域却没有达到新高数值，高位背离卖点由此出现。

第 4 节　牛市行情见顶期间背离

牛市行情中，股价飙升到高价区时，总能看到典型的大阳线形态。阳线形态的突破力度较大，但是出现在价格高位，通常是主力出货而采取的拉升动作。如果主力拉升动作比较有效，很多投资者会因大阳线而追高买入股票。实际上，RSI 指标背离已经提示了股价顶部形态。

1. 连续拉升的 RSI 顶背离

主力投资者连续拉升股价后，RSI 指标出现了典型的顶背离形态。股价在高价区连续飙升，大阳线吸引一部分投资者追涨。RSI 指标的表现不会欺骗投资者，该指标从高位背离回调时，卖点已经在背离的那一刻形成。

高价区的背离持续时间一般较短，稍纵即逝的卖点需要谨慎对待。如果已经出现背离，首次的减仓交易动作通常是必不可少的。背离可能不会出现第二次，更高的抛售机会也不会继续出现。选择首次出现价格高位顶背离时抛售股票，显得尤其重要。

（1）形态特征

①股价以阳线形态冲击高位：股价以连续回升的阳线形态冲击顶部时，价格表现异常强势。股价强势显得并不正常，可以根据 RSI 指标的表现判断交易机会。

②出现 RSI 指标典型背离：股价收盘明显创新高的情况下，RSI 指标出现回调，这是典型背离形态，提示高位卖点。

③出现 RSI 指标回落后的反弹卖点：随着高抛机会的出现，应对股价下跌的有效办法是减少持股数量。背离期间卖掉一部分股票后，股价和 RSI 指

标同步回落。在 RSI 指标第二次反弹时，股价加速回落前的卖点得到确认。

（2）操作要领

①从股价以阳线形态冲击高位来看：如图 5-6 所示，股价在高价区连续拉升，图中显示股价从收盘价 G 位置回升到 G1 位置，股价出现了涨停的强势走势。

图 5-6　信隆实业（现名信隆健康，002105）日 K 线图

②从出现 RSI 指标典型背离来看：指标从 R 回落至 R1 位置，指标回调提示典型的背离卖点出现，卖点就在 G1 位置形成。

③从出现 RSI 指标回落后的反弹卖点来看：随着背离的出现，股价明显回调。指标回落后，RSI 指标在 R2 位置弱势反弹，提示高抛卖点出现。G2 位置股价冲高回落，倘若有机会在盘中高位减少持股，自然能够回避下跌带来的损失。

④股价在 G2 位置反弹期间，当日该股收盘出现阳线形态。该日盘中最高价高于 G1 位置的阳线，但是 RSI 指标不会在此时超过 R1 位置，这表明背离在收盘前即出现，卖点得以确认。之后股价暴跌至 D 位置的低点，跌幅高达 40%。在背离期间减少持股，明显回避了损失。

（3）小结

在股价连续拉升阳线期间，RSI 指标快速回升，但是指标接近 80 的超买状态后，继续回升空间收窄，相应地会出现背离卖点。

2. 牛市狂飙后的 RSI 顶背离

在牛市行情中，股价出现疯狂飙升的走势。牛股的走势总是让投资者出乎意料，价格连续拉升涨停的情况可以出现在价格高位。收盘创新高的过程中，股价也在构筑顶部。如果股价强势反弹时，RSI 指标却以高位回落，那么提示的这样的卖点机会是不容错过的。主力投资者可以在几次简单的拉升后完成出货动作，对于散户投资者而言，抓住背离卖点就能够避免在主力出货后遭受损失。

（1）形态特征

①股价在价格高位连续涨停：股价进入高价区后，主力投资者拉升股价，股价进入活跃阶段，以连续涨停的形式飙升。这时，会出现非常典型的高抛卖点。

②价格出现回调背离：随着股价调整后出现反弹走势，价格短线反弹后出现背离形态，RSI 指标与股价高位背离。指标高位回落的过程中，筹码出现明显松动，价格上涨潜力降低。

③一字涨停诱多期间出现背离：股价第二次出现反弹走势后，高价区主力投资者拉升股价一字涨停，这是典型的高抛卖点信号。

（2）操作要领

①从股价在价格高位连续涨停来看：如图 5-7 所示，该股在高价区连续拉出 4 个涨停大阳线冲击 G 位置高位，表现非常强势。

②从价格出现回调背离来看：股价收盘达到 G1 位置高价区后，RSI 指标同步回调到 R1 位置，可以确认 RSI 指标已经与股价高位背离。背离表明更典型的卖点出现在 G1 位置。

③从一字涨停诱多期间出现背离来看：股价在图中 G2 位置以一字线的

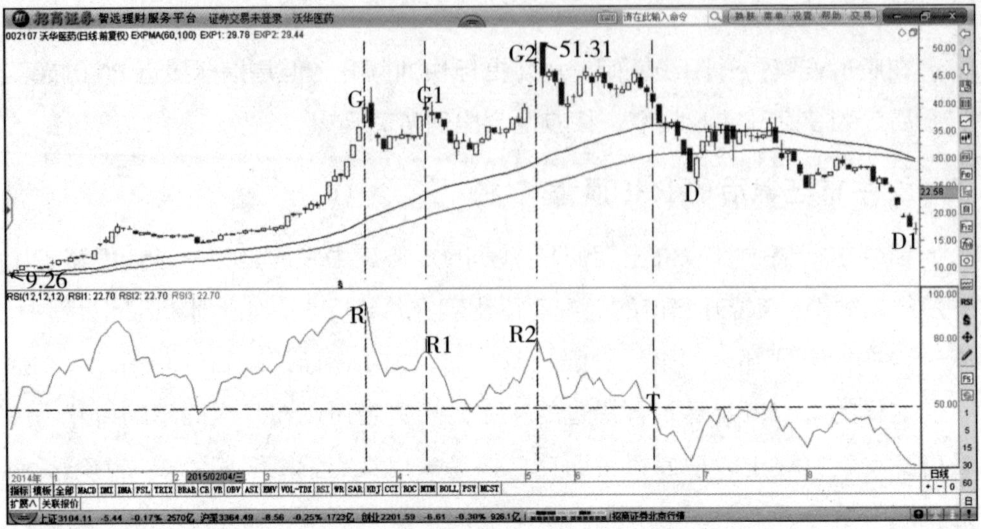

图 5-7　沃华医药（002107）日 K 线图

形式冲击价格高位，RSI 指标却仅反弹到 R2 位置。R2 位置明显低于 R 位置，依然存在背离，也就是说，第二次典型的抛售机会出现在 G2 位置。

④ RSI 指标与股价高位背离后，在 G2 位置抛售股票，可以明显减少损失。特别是 RSI 指标在 T 位置跌破 0 轴线后，该股下跌至 D 和 D1 位置，跌幅分别高达 40% 和 60%。该股的回升趋势非常典型，背离后的卖点可以轻松确认，这样卖掉股票后，可以避免巨大损失。

（3）小结

股价进入顶部区域后，RSI 指标与股价出现间隔较短的两次背离，都提示了高抛卖点。即便第二次背离期间，RSI 数值高于第一次背离时的数值，却低于首次 RSI 指标数值，背离提示的卖点依然有效。

第 5 节　回落趋势局部背离形态

在价格回落期间，股价加速下跌过程中，连续回落的交易日较多，RSI

指标相应地能够达到 20 以下的超卖状态。指标超卖后，即便股价继续下跌并出现收盘价新低，也会形成背离形态。在弱势行情中，价格下跌潜力较大，背离提示的买点一般来说只能是短期的，是下跌趋势中的局部背离买点。投资者可以利用局部背离提供的买点获得短线收益，减少熊市中遭受的损失。

1. 收盘新低期间 RSI 多次底背离

股价进入熊市后，价格起始下跌阶段跌幅较大，这是主力疯狂出货后散户杀跌出逃的结果。这时不仅股价下跌空间较大，而且 RSI 指标调整幅度也很大。RSI 指标数值通常不会跌破 20。但是在市场杀跌阶段，指标会回落至 20 下方，这是指标超卖的信号，意味着接下来股价将会出现反弹走势。

实际上，如果价格反弹后继续回落，那么会轻易创出收盘价新低。这并不是说股价下跌趋势将得到延续，相反将出现 RSI 指标与股价低位背离的买点。

（1）形态特征

①股价经历暴跌走势：股价经历暴跌走势时，价格进入熊市初级阶段，这时单边下跌成为多数时间里的常态。

②反弹后收盘价出现新低：股价连续下跌后，跌幅扩大，这时出现技术性反弹走势。技术性反弹多为短线投资者买入所致，因此价格反弹结束后，会出现收盘价再创新低的下跌。

③ RSI 指标背离提示买点：价格虽然达到收盘价新低，但 RSI 指标已经出现反弹的走势。指标跌无可跌，表明价格存在上涨的可能，投资者可以利用背离确认买点。

（2）操作要领

①从股价经历暴跌走势来看：如图 5-8 所示，股价从高位杀跌到 D 位置的收盘价 6.76 元，累计出现 6 个跌停板，跌幅高达 55%。该股走势表现说明，股价已经出现了一波暴跌行情。

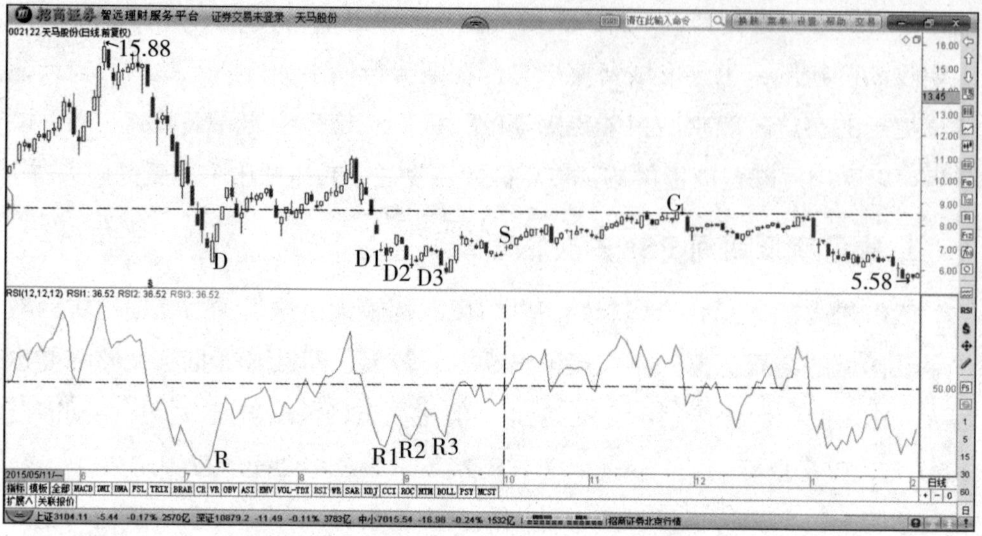

图 5-8　天马股份（现名 *ST 天马，002122）日 K 线图

②从反弹后收盘出现新低来看：股价强势反弹结束后继续回落，并在 D1 位置出现收盘价新低。震荡过程中，D2 和 D3 位置的收盘价继续出现新低。

③从 RSI 指标背离提示的买点来看：股价收盘价创新低期间，RSI 指标表现并不理想。图中 RSI 指标在 R1 位置数值高于 R 位置，接下来 R2 和 R3 位置的数值均出现抬升，这是背离加剧的信号。三次背离后，D3 位置的低价买点不容错过。

④在 RSI 指标与股价背离阶段，虽然 RSI 指标依然低于 50 线，但是买点更低，这有助于低价建仓盈利。随着 RSI 指标突破 50 线，股价在 S 位置跳空上涨，股价反弹到 G 位置的 8.50 元时，该股涨幅已达 47%，这是背离期间抄底能够获得的最高收益，盈利空间还是比较大的。

（3）小结

股价大幅杀跌后，反弹结束，收盘价新低成为股价超跌的表现。短时间内连续出现收盘价新低，背离提示的买点频繁得到确认，价格触底的概率大幅提升。

2. 低价震荡收盘新低的 RSI 底背离

股价在低位震荡期间，价格弱势走低，这时常常出现非常典型的 RSI 指标背离形态。股价收盘价很容易出现新低价位，RSI 指标不会随着股价下跌单边回落，而会在跌无可跌的情况下开始回升。价格下跌持续的交易日减少后，通常都是 RSI 指标背离回升的时刻。这时，股价虽然没有出现典型的底部形态，但背离提示的买点可以视为建仓机会。弱势行情中，股价反弹空间通常较小，但反弹走势带来的获利机会难得。特别是股价长期弱势运行期间，如果要获取收益，只能做一些小幅的反弹。

（1）形态特征

①确认反转后股价连续回落：明显出现见顶形态后，股价收出连续回落的阴线形态。这时价格下跌速度很快，非常典型的底部形态也在确认之中。

②价格低位收盘价再创新低：价格连续回落后，新的价格低点得到确认。不过，价格双向波动频繁，会在低位震荡期间出现新低价位。

③背离买入后获得收益：RSI 指标与股价底部背离后，弱势底部基本得到确认。这时，投资者利用低价优势建仓，可以获得廉价筹码。在股价反弹期间，也可以获取一定的收益。

（2）操作要领

①从确认反转后股价连续回落来看：如图 5-9 所示，股价长期弱势运行中，首先在 D 位置触底。之前出现两根长阴线和十字星，可见，该股表现是很弱势的。

②从价格低位收盘价再创新低来看：虽然弱势运行期间价格波动空间收窄，但图中显示 D1 位置收盘价低于 D 位置。同时，RSI 指标从 R 位置的低点回升到 R1 位置的相对高位，形成 RSI 背离，提示买点出现。

③从背离买入后获得的收益来看：弱势反弹期间，价格从背离后的 D1 位置反弹，反弹达到 G、G1、G2 位置，股价涨幅分别达到 20%、20% 和 33%。

图 5-9　湘潭电化（002125）日 K 线图

④在弱势运行阶段，出现背离并不奇怪，典型的背离形态可以为投资者提供获取短线收益的机会。弱势行情中，背离出现的次数不需要很多，一次背离就可以成为股价小幅反弹的买点机会。该股 RSI 指标从 R 回升到 R1，只出现一次背离，股价就已经触底。

（3）小结

股价跌幅并未达到 50%，这时低价区出现 RSI 指标背离形态。虽然接下来股价反弹的效率不高，但随着量能的不断放大，股价会不断创出新高。

第 6 节　熊市行情触底期间背离

在熊市行情中，股价下跌至低价区时，总能看到典型的大阴线形态。阴线形态的突破力度较大，但出现在价格低点，通常是主力为了洗盘而采取的打压动作。如果主力打压动作比较有效，很多投资者会因大阴线而卖掉股票。实际上，这时出现的 RSI 指标背离，已经提示了股价底部形态。

1. 暴跌触底的 RSI 底背离

主力投资者成功出货后，RSI 指标出现典型的底背离形态。股价在低价区连续下跌，大阴线成为促使投资者抛售股票的原因。RSI 指标的表现不会欺骗投资者，该指标从低位背离反弹时，买点已经在形态出现背离的那一刻形成。

低价区的背离持续时间通常较短，典型的反弹结束后，就能看到出现背离买点信号。如果已经形成背离，那么要抓住这难得的获利机会。底部可能不会出现第二次背离，更低的买点不会轻易形成，也不会继续出现。选择首次出现价格低点背离时买入股票，对投资者来说显得尤其重要。

（1）形态特征

①股价以跳空阴线形态触底：在股价下跌期间，突如其来的熊市使股价不断创出新低。即便股价大幅回落后，股价依然能够以跳空形式下跌。

②出现 RSI 指标典型背离：虽然股价以跳空的形式下跌，但 RSI 指标表现强势。指标从低位回升时，已经与创新低的收盘价形成底部背离，提示背离买点。

③建仓后获取反弹收益：股价在低位继续杀跌，只能说最后一跌期间的

买点更加廉价。相应地，如果在这个阶段买入股票，价格触底回升期间就能够获得不错的收益。

（2）操作要领

①从股价以跳空阴线形态触底来看：如图 5–10 所示，第一波杀跌股价就已经下跌至 D 位置，跌幅达 50%。反弹结束后，该股继续下跌至 D1 和 D2 位置的收盘价低位，相应地这时就会形成更低价的建仓机会。

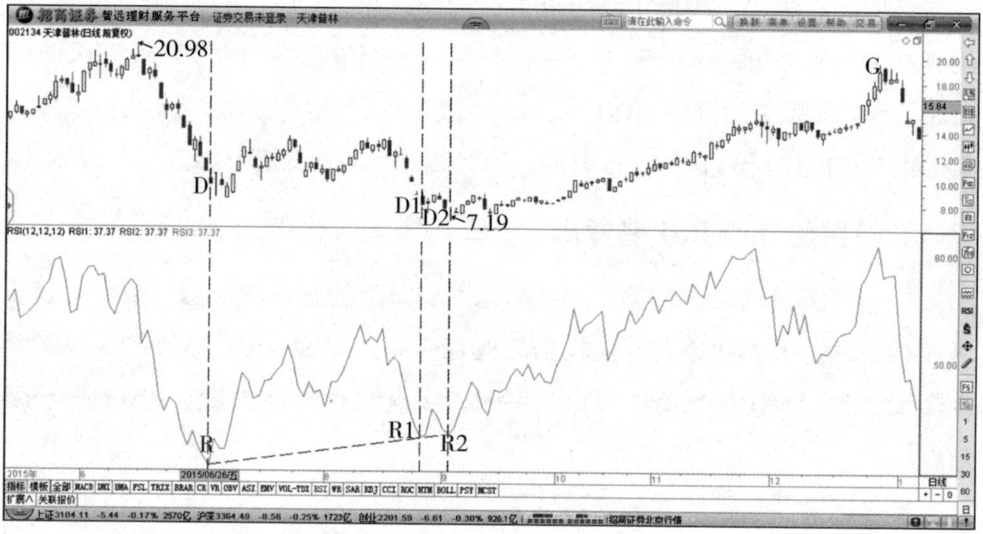

图 5–10　天津普林（002134）日 K 线图

②从出现 RSI 指标典型背离来看：股价收盘跌破 D 位置最低价位后，RSI 指标从 R 位置反弹到 R1 和 R2 位置，相应地，背离买点也同时出现在 D1 和 D2 位置。

③从确认建仓后大幅获取反弹收益来看：D1 和 D2 位置的背离间隔时间很短，买点得到确认。接下来，股价从 D2 位置的最低收盘价走强后，价格飙升到 G 位置价格高位，涨幅达 160%。

④股价反弹速度取决于价格下跌的效率，该股首次单边下跌到 D 位置，跌幅高达 50%，继续下跌至 D2 位置，股价继续回落达 45%。股价显著下跌，使得 D2 位置的背离买点很快出现。

（3）小结

在股价反弹期间，RSI 指标已经出现明显的企稳信号。只是该股收盘价继续出现新低时，RSI 指标与股价底背离提示的买点更加明确。行情发展总是物极必反的，该股超跌后，背离买点就成为最低收盘价位。股价触底回升开始飙升时，该股具有良好的表现。

2. 放量杀跌后的 RSI 底背离

在熊市行情中，股价出现疯狂下跌的走势。熊股走势总是让投资者出乎意料，价格连续跌停的情况可能出现在价格低位。收盘创新低的过程中，股价底部也在构筑之中。如果股价加速回落，RSI 指标却以底部背离形态提示买点，那么这样的买入机会是不容错过的。主力投资者可以在几次打压股价后完成出货或洗盘动作，对散户投资者而言，确认背离就可以在恰当的价位抄底，从而锁定低价买入后的盈利空间。

（1）形态特征

①股价加速回落：价格连续跌停的过程中，成交量缩量期间，很少有投资者会主动买入股票。股价加速回落期间，下跌趋势得到确认。

②跳空下跌推动收盘价创新低：对下跌趋势来说，跳空缺口最具突破效果，特别是形成跌停开盘的一字跌停板后，股价收盘价出现新低并不困难。

③背离期间出现买点：收盘价达到新低价位时，RSI 指标已经开始回升。RSI 指标与股价低位背离，提示出现买点机会。

（2）操作要领

①从股价加速回落来看：如图 5–11 所示，B 段价格出现单边下跌走势，这一波下跌该股暴跌 60%，跌到 D 位置的收盘价低位，可见该股已经出现熊市下跌趋势。

②从跳空下跌推动收盘价创新低来看：股价反弹结束后，该股在 B1 段实现 40% 的跌幅，跌到 D1 位置的收盘价低位。B1 段下跌期间，形成一字跌停的走势，可见该股表现非常弱势。

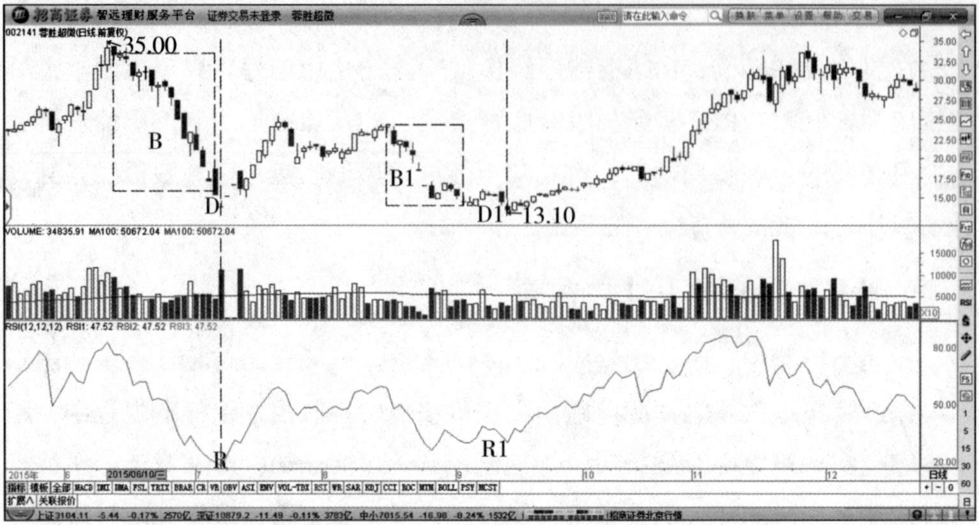

图 5-11　蓉胜超微（现名贤丰控股，002141）日 K 线图

③从背离期间出现买点来看：股价收盘价轻松达到 D1 位置的低价区，下跌空间很大，RSI 指标在 R1 位置与股价出现底背离。期间买点在 R1 对应的价格 D1 位置形成。

④股价大幅下跌后，典型的买点机会并非首次出现在见底期间。随着股价下跌节奏减缓，出现收盘价新低后，RSI 指标背离提示的买点更低。背离期间，收盘价达到 D1 位置的 13.10 元。如果建仓成本在 13 元下方，该股随后企稳回升到 33 元上方，盈利可达 154%。

（3）小结

股价进入熊市后，价格在涨停板和跌停板之间切换，典型的交易机会出现在跌停板后的背离形态中。背离意味着股价触底，超跌期间的背离更值得投资者参与。

第6章 背离技术实战指南

对于背离交易系统，首先要确认个股与指数背离，这样能够轻松发现强势运行的股票交易信号。MACD指标、量能和RSI指标背离又将个股背离交易系统提升到新的高度。当然，这并不是说背离交易系统就是十全十美的，只有在实战中充分检验背离交易策略，才能在长期交易中稳定获得收益。

本章为投资者提供了背离交易系统的实战交易过程，为投资者介绍经典的背离交易案例，帮助投资者更好地适应实战环境，以便获取稳定的投资收益。

第1节　精选与指数背离个股

精确选择与指数背离的个股，更容易找到众多个股中的强势品种。与指数背离的个股中，能够提前完成反转的那些品种，通常会成为公认的牛股。股价与指数背离的形态越显著，越容易形成典型买点。实战中，与指数走势背离的个股，后期大多都会表现得非常强悍。

如果根据股价与指数背离走势来寻找强势品种，那么个股中能够明显走强的股票，可以称为强势品种。股价与指数背离，可以在长时间内持续。股价与指数背离持续的时间越长，表明价格越强势。出现单边趋势后，这种强势的价格表现可以成为推动股价加速上涨的重要因素。提前寻找到与指数走势背离的强势品种，就有机会在股价飙升前确认买点。

（1）形态特征

①股价加速回升阶段与指数背离：在高价区，股价与指数背离的情况下，价格表现更加强势。但考虑到股价处于高位，这时买入股票的风险较大，背离提供的买点不够理想。

②反弹期间背离加剧：股价高位回落后，会出现反弹走势，此时股价表现强势的特征未变。另外，在股价跌幅较大的情况下，股价以更加强势的走势回升至指数上方，相应地，买点也会更加确定。

③低价区出现背离形态：低价区背离，表明股价表现强于指数，是更可靠的买入信号。不同于高价区以及反弹期间股价与指数背离，低价区背离提示价格继续下跌的空间有限。如果在低价区发现个股与指数走势背离，那么可以大胆介入。

（2）操作要领

①从股价加速回升阶段与指数走势背离来看：如图 6-1 所示，在股价回升阶段，图中价格在 T 位置表现强劲，该股已经与指数走势背离。股价涨幅超过指数后，考虑到股价飙升了 150% 以上，买点并不低，追涨风险是比较高的。

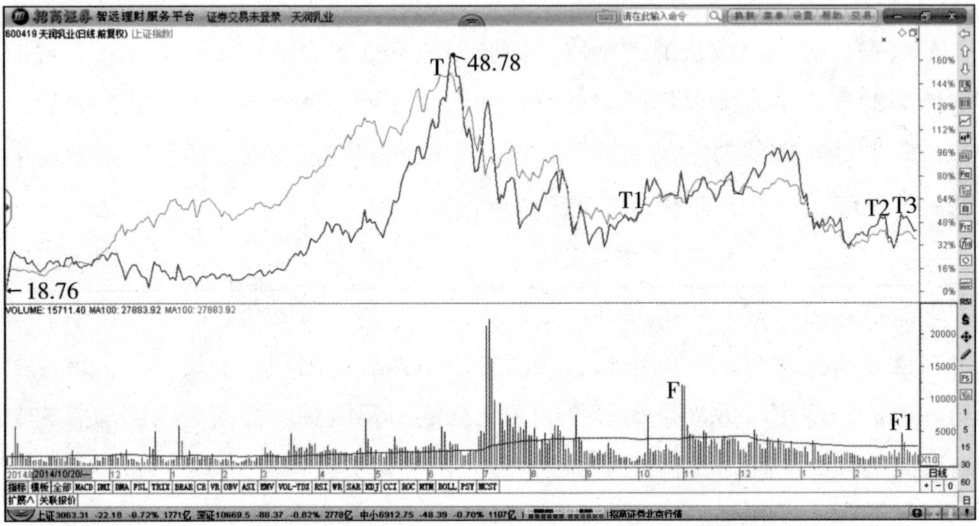

图 6-1　天润乳业（600419）和上证指数收盘线叠加图

②从反弹期间背离加剧来看：股价经历明显回落后，该股开始出现反弹。图中 T1 位置是价格反弹期间表现强于指数的点位，从该股的反弹走势表现看，价格与指数的背离更加明显，交易价格相比高位要低很多。

③从低价区出现背离形态来看：低价区股价与指数背离出现在 T2 和 T3 位置，这都是相对不错的买入信号。股价处于低价区，背离从 T 持续到 T3 位置，持续时间比较长，因此很难说这是背离陷阱。

④该股在高价区与指数背离，但是买点较高。随着背离的持续，低价区 T2 和 T3 的买点更可信。图中反弹期间 F 位置的量能有效放大，F1 位置量能波动不大，均量线已经显著回调，这时的放量更可信。可见，股价与指数背离后，可以在 T2 和 T3 位置初步确认该股的交易机会。

（3）小结

叠加图中，股价与指数的强弱表现得到确认时，典型的买入机会就出现在价格表现更强势的低价区。低价区股价强于指数，表明与指数走势背离，提示买点得到确认。

第 2 节　确认 MACD 指标背离

股价与指数背离后，基本已经确认了买入时机。接下来，可以通过 MACD 指标与股价底背离确认具体买点。MACD 指标背离后，从价格表现就能发现低价区的交易机会。如果低价区的建仓机会得以确认，那么将大大提高买入股票的成功率。

通常来说，使用 MACD 指标底背离买入股票，背离一次可以提供较好的买点机会。股价回落至被确认的价格低位期间，这种一次背离提供的买点是比较可靠的。

（1）形态特征

①股价高位回落：股价震荡走低时，结束反弹的股价第二次进入下跌趋势，这时，股价的下跌跌幅依然较大。

②价格触及低位支撑价位：股价触底，来到低位支撑价位后，可以看到股价已经在低价区出现反弹的走势。如果价格反弹力度较大，那么有望确认买点机会。

③ MACD 指标与股价出现底背离买点：低价区股价出现反弹走势，并且 MACD 指标先于股价出现反弹，这是低价区的背离买点信号。确认低价区买点非常重要，能使投资者在价格还未上涨时买入股票。

（2）操作要领

①从股价高位回落来看：如图 6–2 所示，股价经历缩量反弹后，价格冲高回落，该股继续回落至 D1 位置的收盘价低位。

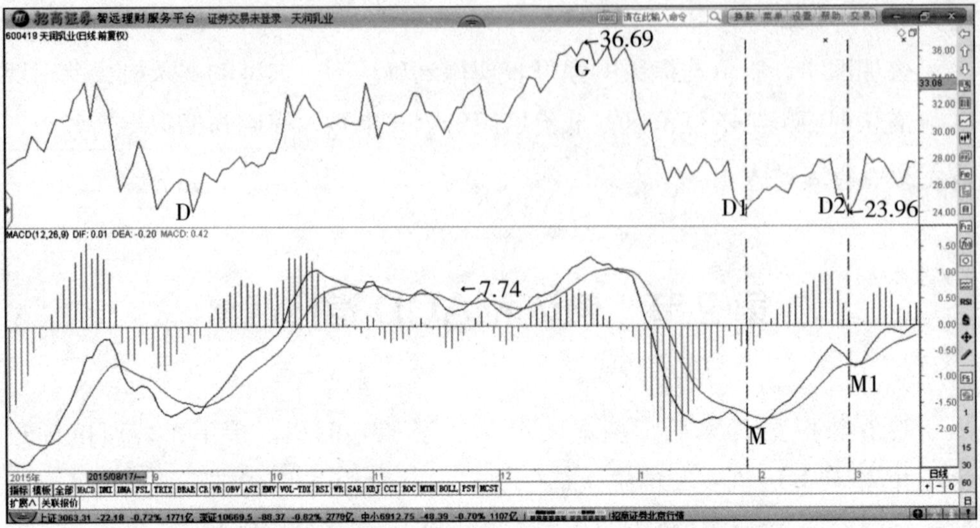

图 6-2 天润乳业（600419）收盘线图（一）

②从价格触及低位支撑价位来看：股价在下跌期间触底 D1 位置，D1 位置恰好是前期 D 位置收盘价附近。通常来看，这样的低价区支持效果较好，该股反弹表明前期低点能提供较强的支持。

③从 MACD 指标与股价出现底背离买点来看：股价二次回落期间，已经出现了反弹迹象。图中 MACD 指标在 M 位置触底后，该指标的 DIFF 线回升到 M1 位置的相对高位，这与股价收盘价达到 D2 位置的新低价形成背离。

④ MACD 指标 DIFF 线底背离直观展示了均线形态的强势，价格在 D2 位置出现收盘价新低，成为低价区的背离买点。

（3）小结

确认 MACD 指标与股价在低价区出现背离后，可以看到 MACD 指标与股价背离提示该股具有买入的价值，毕竟该股与指数走势出现背离。接下来，量价背离和 RSI 指标背离将进一步确认这种买入信号。

第 3 节　确认量价背离

价格上，可以用 MACD 指标的背离判断买点，成交量方面，则可以通过量价背离确认交易机会。量价背离提供的交易信号与 MACD 指标背离同等重要，量价背离体现了能量急剧变化过程中的突破方向。在股价下跌阶段，下跌并不需要放量推动，缩量就能成为股价持续回落的因素。如果成交量在低价区放大，股价也在这时加速回落，那么这是量价背离的体现，是买入股票的信号。

通常来说，股价持续回落到低价区后，能够看到价格已经在多数投资者的持股成本下方。如果股价继续回落，那么就会超过多数投资者的忍耐极限。这时，放量只不过是少数投资者减仓所致。放量是在多空双方共同作用下出现的，场外买入股票的资金同步增加，使得量能有效放大。量能放大后，股价收盘价创新低，这是背离买点信号。

（1）形态特征

①股价进入底部区域运行：股价进入底部区域后，股价下跌空间未必会很大。在低价区运行期间，典型的买点信号有望得到确认。

②量能出现放大信号：股价收盘继续出现新低时，成交量出现放大信号。股价以放量形式触及收盘价底部，走出典型的放量下跌走势，这是背离后买入股票的信号。

③股价跌破低价区筹码峰：股价在低价区继续回落时，价格跌破了低价区的筹码峰，表明股价下跌造成的影响比较大，这时，放量背离提供的买点可以被确认。

（2）操作要领

①从股价进入底部区域运行来看：如图 6-3 所示，股价进入低价区后，图中 D 位置的收盘线继续出现新低。价格达到低位收盘价 24 元，反弹结束后该股跌幅达 34%。

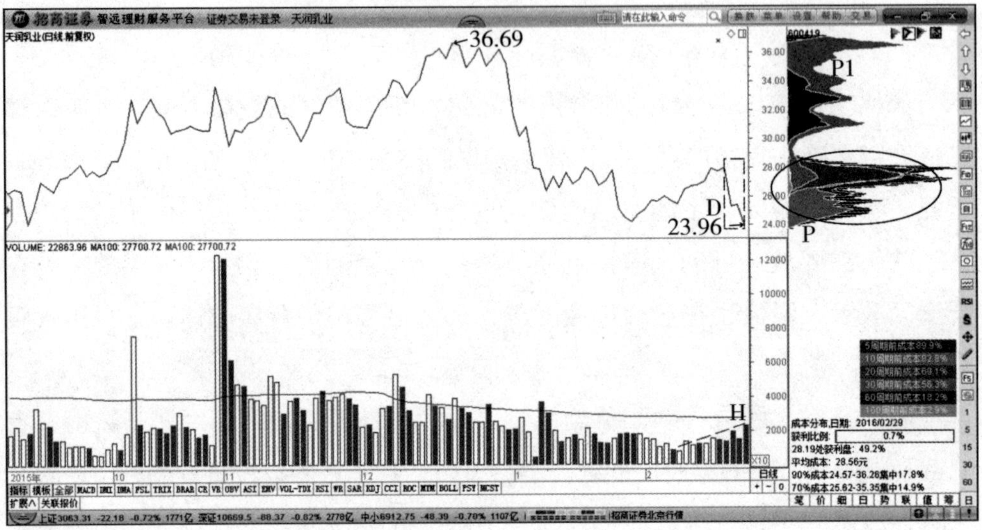

图 6-3　天润乳业（600419）收盘线图（二）

②从量能出现放大信号来看：股价收盘价继续回调期间，图中 H 位置量能出现放大趋势。成交量持续回升，推动价格到达新的收盘价低位。

③从股价跌破低价区筹码峰来看：放量下跌期间，股价已经在图中 D 位置跌破了 P 位置筹码峰。筹码分布形态中，除了高位 P1 位置的筹码，P 位置筹码占据整体筹码规模的很大比例。价格在低价区跌破筹码峰，表明股价进一步下跌的空间已经不大。

④图中 H 位置成交量明显放大，是量能萎缩以来显著的放量形态。随着量能接近 100 日均量线，场外买入股票的资金增多，背离提示的买点得到确认。

（3）小结

股价一再回落跌破低价区筹码峰后，投资者亏损进一步增加。这时量能放大，既是场外投资者抄底的表现，同时也是场内投资者继续抛售的表现。

多空之间股票换手活跃度增加，股价不具备进一步下跌的条件，低价区的量价背离买点得到确认。

第4节　确认RSI指标背离

从价格下跌期间出现的阴线形态来看，股价下跌交易日增加的过程中，可以看到震荡指标RSI单边下跌，指标大幅回调到20以下，进入超卖状态。如果指标跌幅很大，随着下跌趋缓，RSI指标可能先于股价触底，提示低价区买点信号。

股价反弹后回落至收盘价相对低位，这时价格跌幅加大。在已经确认股价与指数背离、与MACD指标背离以及量价背离的情况下，如果RSI指标在低价区出现典型背离，买点将得到确认。

（1）形态特征

①股价单边下跌交易日增加：股价从高位回落后，随着投资者竞相抛售股票，交易日中收出下跌阴线的情况不断增加。

② RSI指标深度回调：股价不断出现下跌阴线，RSI指标也出现了明显的单边回落走势。由于震荡指标RSI有一定的波动区间，指标跌破50线后，下跌趋势即得到确认。

③下跌趋缓后出现背离：RSI指标在50线下方深度回调后，股价下跌趋缓，RSI指标此时会发出率先反弹的企稳信号。RSI指标先于股价触底，是一种典型的背离买入股票信号。价格在低位出现两次背离形态后，确认股价触底的概率已经很高。

（2）操作要领

①从股价单边下跌交易日增加来看:如图6-4所示,股价进入下跌趋势后，价格从高位回落至D位置。从收盘价线来看，该股几乎每个交易日都出现收盘价新低。

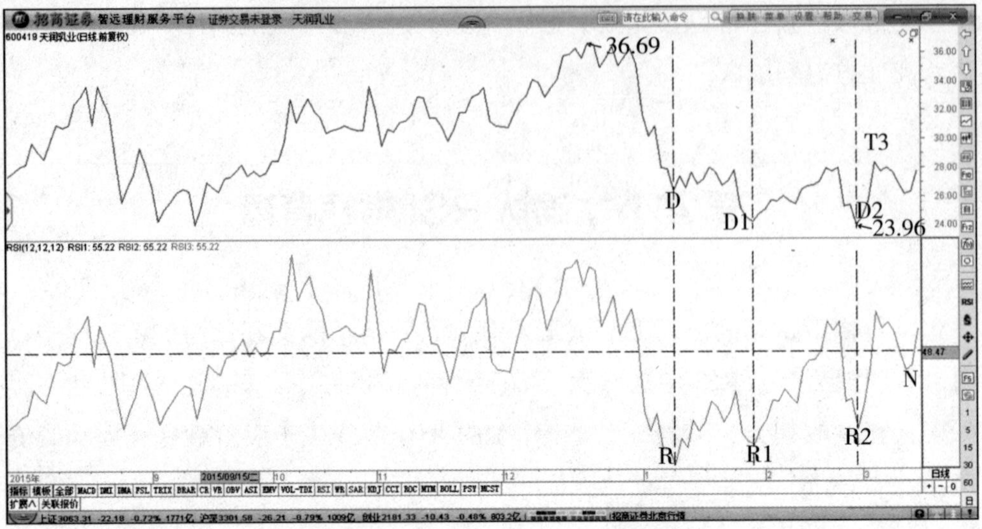

图 6-4　天润乳业（600419）收盘线图（三）

②从 RSI 指标深度回调来看：在股价单边回落期间，RSI 指标也从高位单边回落到 R 位置低点，RSI 指标最低达 25.7。可见，RSI 指标跌幅较大，该指标继续向下的空间有限。

③从下跌趋缓后出现背离来看：股价触及 D 位置的价格低点后，该股出现了双向震荡的走势。股价下跌趋缓时，价格低点的反弹分别从图中 D1 和 D2 位置开始。看同期 RSI 指标表现，指标在相比 R 位置高的 R1 和 R2 位置企稳。由此可知，RSI 指标与股价出现低位背离形态，背离买点分别出现在图中的 D1 和 D2 位置。

④反弹结束后，该股在下跌过程中首先在 D 位置出现反弹，接下来的股价反弹期间，RSI 背离提示的买点非常清晰。RSI 指标震荡回升时，指标在 N 位置非常接近 50 线，这时推动股价上涨的因素得到加强，买入股票的交易机会也逐步呈现。

（3）小结

股价下跌空间不大时，更容易出现价格双向震荡的走势。在低价区的震荡中，RSI 指标背离次数增多，同时低价买点可以得到确认。

第 5 节　缩小交易价格区间

从交易机会来看，股价波动空间收窄后，价格不断震荡回调，之后出现交易机会。随着价格波动空间不断收窄，非常可靠的买点在价格波动收窄后形成。如果按照背离交易策略选择最佳买卖时机，那么浮筹指标 ASR 达到高位期间，价格进入高浮筹价格区域，股价止跌回升的走势将会很快得到确认。

在价格低位运行期间，通常来说，即便浮筹指标 ASR 止跌回升，指标上行空间也会受到限制。如果说指标回升到短线高位，那么可以认为股价已经调整到位。价格调整到位后，股价达到了高浮筹的价格区间。这时，股价如果继续回升，那么就需要摆脱高浮筹区域的突破阻力。从交易机会来看，浮筹指标 ASR 回升到短线高位后，通常就是典型买点出现的时刻。

（1）形态特征

①股价在低价区反弹：股价在低价区出现反弹走势，价格出现了比较有效的反弹。低价区的反弹对价格上涨非常重要，这是交投活跃的表现，同时也是股价进入高浮筹价格区域的信号。

②浮筹指标 ASR 止跌回升：浮筹指标 ASR 止跌回升后，指标开始单边回升。通常来说，价格反弹空间有限的情况下，浮筹指标 ASR 并不会大幅回升。指标回升到短线高位，价格进入高浮筹区域。作为价格上涨的信号，ASR 回升到高位可以作为买入股票的信号。

③股价回调期间出现买点：股价短线回调后，价格短线回落至高浮筹的价格区间下限。这时股价并不会继续脱离高浮筹区域，买入股票的机会出现在价格低位。

（2）操作要领

①从股价在低价区反弹来看：如图 6-5 所示，股价单边回落期间，比较有效的反弹出现在价格下跌阶段。价格虽然进入单边回落的下跌趋势，但股价跌幅扩大后，还是出现了回升的情况。

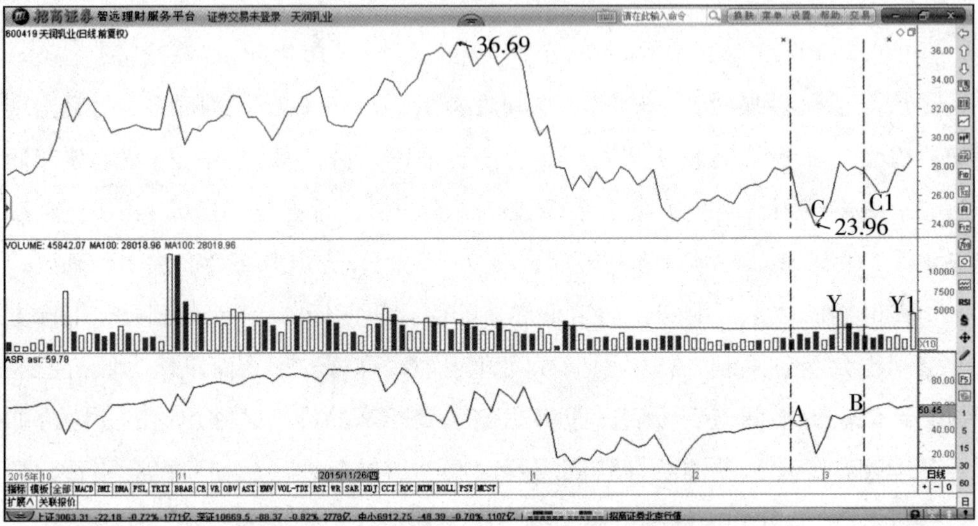

图 6-5　天润乳业（600419）收盘线图（四）

②从浮筹指标 ASR 止跌回升来看：随着股价反弹幅度增加，浮筹指标 ASR 从低位回升到 A 位置的高位。指标回升空间较大，使得股价进入高浮筹的价格区间。

③从股价回调期间出现买点来看：股价二次回落后，浮筹指标 ASR 也从 A 位置回调。这时，股价已经向下远离高浮筹区域，这是价格短线回调的买点信号。接下来，浮筹指标反弹到 B 位置，价格虽然同时回调到 C1 位置这个次低价位，但浮筹指标 ASR 回调幅度有限。可见，该股已经调整到位。

④图中浮筹指标 ASR 在 A 和 B 位置数值接近和超过了 50 线，表明价格已经到达高浮筹区域。低价区浮筹指标 ASR 达到 50 线以上，表明股价进入活跃的高浮筹价格区域，股价在高浮筹区域运行的机会得到提升。

（3）小结

按照浮筹指标 ASR 的表现，低价区的价格进入高浮筹区域后，价格回调提供的交易机会相对低廉。这时，利用浮筹指标 ASR 回调来低价买入股票，对获取收益非常重要。浮筹指标 ASR 的回调有助于判断低价买点，这是在背离形态确认股价触底后，有效缩小买点价格区间的办法。

第 6 节　分步完成反向交易阶段

在价格低位买入股票时，可以按照确认背离买点的方法寻找交易机会。实战中，要想把握好低价区买点，还需要根据不同资金分配策略决定投入资金的多少，减少集中买入带来的风险。

在不同的低价区域，买入股票的成本是不同的。背离次数增加的过程中，低价区的建仓成本更低，这有助于获取廉价筹码，同时提高盈利空间。随着背离的发展，将资金分配到三个不同价位建仓，用分批次建仓策略买入股票，有利于摊低持仓成本。

（1）形态特征

①下跌期间股价出现反弹买点：股价单边回落的过程中，价格下跌接近前期低位后，形成典型的低价买点。从首次建仓交易机会来看，首次买入股票可以动用 30% 的资金。首次买入投入的资金相对较小，这样即便股价继续出现调整，价格下跌对总资金的影响也会降低 70%。

②首次背离买点加仓：首次背离提供的买点有效，继续投入总资金的 30%，以便提高持股数量，增加对低价筹码的控制能力。这时，如果股价向下回调空间较大，那么可以明显降低持股成本。

③第二次背离买点加仓：第二次背离形态得到确认时，股价下跌空间会更小。从获取廉价筹码角度来看，第二次背离提示的买点值得投入更多资金。不过，考虑到资金分配问题，对于低价的建仓机会，还需要根据资金管理策

略来确定。第二次背离后，投资者可以投入总资金的 30% 获取筹码，这样做也能明显降低持股成本。

（2）操作要领

①从下跌期间股价出现反弹买点来看：如图 6-6 所示，RSI 指标触底回升期间，股价在图中 1 位置出现反弹走势，这是比较典型的低价区买点机会。如果能够在图中 1 位置确认建仓，那么股价反弹过程中，就能有效获取收益。首次建仓，投入资金为总资金的 30%。

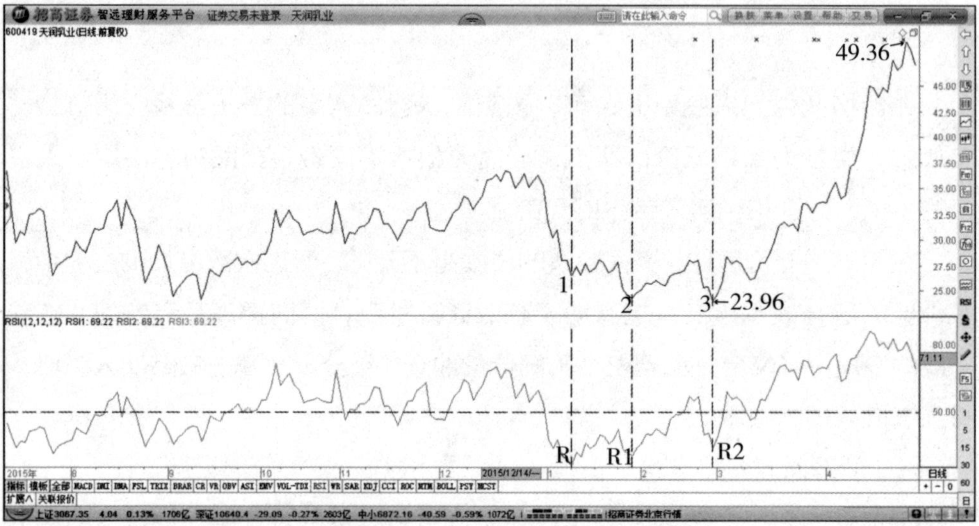

图 6-6　天润乳业（600419）收盘线图（五）

②从首次背离买点加仓来看：股价进入反弹状态后，图中标示的 2 位置价格更低，这时 RSI 指标背离提示买点出现。低价区的买入资金可以为总资金的 30%，第二次买入后，持股资金已经投入 60%。

③从第二次背离买点加仓来看：第二次背离期间，股价回调到 3 对应的低价区。3 对应的低价区相对前期的 2 位置更低，对投资者来讲，在这个价位买入有助于投资者获得更高收益。这次加仓可以投入总资金的 30%。完成这次加仓后，持股成本更低，投入资金已达总资金的 90%。

④股价在低价区频繁震荡，图中 1 位置是低价买点，而 2 和 3 位置的背

离买点更低，按照分批建仓策略买入该股，投资者的盈利机会更多。

（3）小结

低价区的交易机会确认后，背离提供的买点较低。实战中，背离通常少于两次，达到三次的背离形态并不多见。两次典型的背离后，在背离买点增加持股数量，就能获取较多的廉价筹码。背离后价格继续回调的空间不大，如果投资者能在低价区建仓，那么就能获得较好的收益。

第 7 章
必须识别的背离陷阱

这里必须指出的是，背离交易系统并非无懈可击，背离提供的交易信号并不是每次都能获得盈利。不过，只要过滤掉背离陷阱，就可以利用背离交易系统稳定盈利。背离陷阱有很多，本章主要列举了 8 种。投资者首先要掌握这些背离陷阱，并在交易实战中将其排除。这样一来，即便出现背离陷阱，同样可以按照既定的策略交易股票，减少投资风险。

第 1 节　利好地量一字涨停背离陷阱

主力投资者收集到足够多的筹码后，价格会出现加速飙升的情况。究其原因，主力持有的流通股数量较多，占比较高，对股票的控盘能力增强。在股价放量运行期间，投资者对这类股票的关注度比较高。在主力放量拉升股价期间，抛售压力较小，股价很容易出现加速上涨的走势。在价格加速上升时，量能明显收缩，这是因为主力锁定筹码后，并不需要动用太多的资金来拉升股价。比较典型的情况是，股价以缩量一字涨停的形式加速上涨。一字涨停期间，量能很小，出现比前期地量更小的缩量情况。

（1）形态特征

①涨停前经历利好停牌：股票恢复交易前，已经经历了明显的利好停牌时间段。在这段时间里，如果指数表现强势，那么个股复牌后自然会有强势表现。股价强势表现是对利好的反应，同时也是对指数上涨的补涨。

②开盘后股价一字涨停：开盘后连续一字涨停，股价出现飙升。价格飙升期间，持股投资者很少有人卖掉股票，如此一来，即便是缩量状态，股价依然能够维持一字涨停板走势。

③放量阳线后股价见顶：一字涨停板的拉升走势结束后，在价格高位出现放量阳线形态。这时股价已经打开涨停板，量能达到天量，主力投资者抛售股票，促使股价很快见顶。

（2）操作要领

①从涨停前经历利好停牌来看：如图 7–1 所示，该股走出一字涨停走势前，从 2015 年 2 月 11 日至 6 月 1 日，停牌长达 4 个月。期间该股停牌重组，利好消息是该公司将购买 4 个相关公司股权。

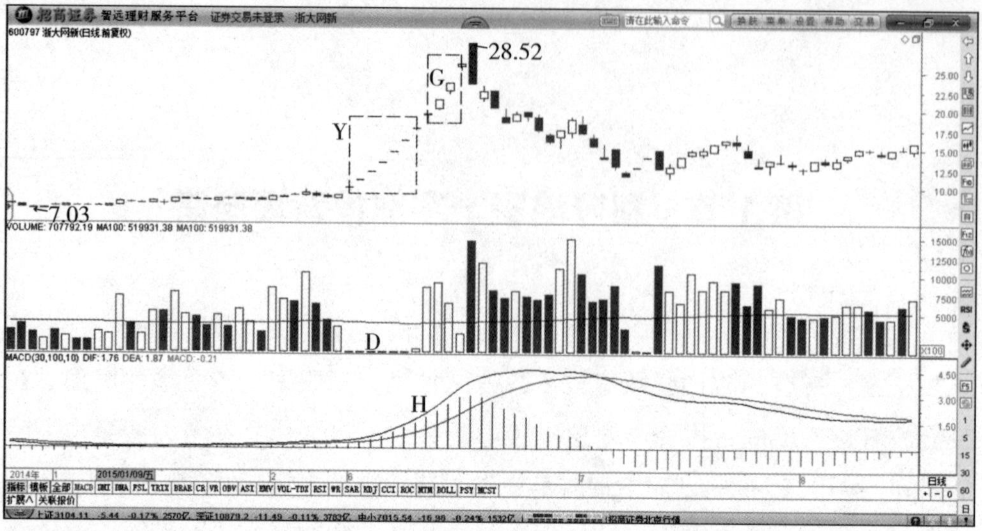

图 7-1 浙大网新（600797）日 K 线图

②从开盘后股价一字涨停来看：开盘后股价一字涨停，连续收出 7 个涨停板。期间 D 位置的量能处于地量状态，量价背离没能阻碍该股的上涨走势。

③从放量阳线后股价见顶来看：打开涨停板后，该股在 G 位置出现大阳线拉升的走势。股价上涨趋势逐渐加强，价格很快达到顶部，并以高开大阴线结束上涨走势。

④利好停牌结束后，股价在 Y 位置飙出 7 个一字涨停板，虽然看似量能呈现出地量状态，但量价背离没有改变该股涨势。事实上，一字涨停期间买盘过于强大，使得每个一字涨停板的盘口没能出现更多股票成交。买盘强大表明量价背离并非真实背离，如果有机会买入该股，那么就能获取较多盈利。

（3）小结

一字涨停期间，成交量规模并不直接反映在真实的量能变化中，量价背离时股价不会见顶。打开涨停板后，量价背离则是高抛的卖点。

第 2 节 脉冲行情个股与指数背离陷阱

在脉冲行情中，股价很容易被脉冲量能推升。如果脉冲量能出现在股价反弹的高位，那么股价突破的力度很大，给投资者一种看似真实的飙升信号。实际上，在趋势向下的情况下，脉冲放量的拉升只能持续几个交易日。脉冲量能出现萎缩时，价格很快会从高位回落，给追涨投资者带来巨大的风险。

从个股与指数叠加图来看，图中股价短线表现强于指数，这是脉冲量能推动的结果，并非股价能够延续回升趋势，这时需要关注脉冲量能带来的假突破陷阱。

（1）形态特征

①个股与指数叠加图中价格表现弱势：在股价与指数叠加图中，两者的涨跌表现一致，价格并未出现强势波动的情况，这时的价格走强信号更容易被发现。

②脉冲量能出现在价格高位：如果股价已经处于短线高位，这时成交量出现脉冲放大，那么股价很容易表现出强势特征。

③股价冲高回落完成顶部反转：股价冲高后回落，完成顶部反转形态。这时脉冲量能没能持续放大，这是股价完成顶部反转的主要因素。

（2）操作要领

①从个股与指数叠加图中股价表现弱势来看：如图 7-2 所示，在出现 T 和 T1 位置的顶部前，该股运行情况与指数非常相似，股价并未出现明显加速回升的走势。也就是说，股价与指数同步涨跌，没有形成明显的买点信号。

②从脉冲量能出现在价格高位来看：图中出现 M 和 M1 位置的脉冲量能期间，成交量放大至 100 日均量线上方。虽然已经放量，但持续不到一周，

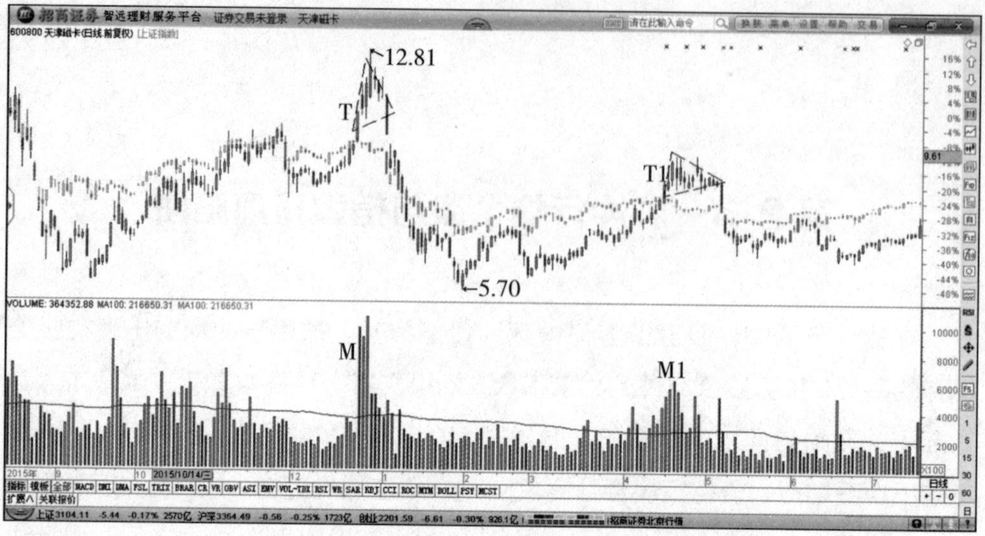

图 7-2 天津磁卡（600800）日 K 线图

量能就出现萎缩。

③从股价冲高回落完成顶部反转来看：如果认为脉冲量能推动的价格上涨是买点，那么很容易遭受损失。虽然当时股价表现强于指数，但股价在 T 和 T1 位置快速飙升，使得股价很快完成反转走势。

④股价在 M 和 M1 位置的放量分别持续 3 个交易日和 5 个交易日，脉冲放量特征明显，这限制了股价涨幅。价格与指数背离，成为高抛卖点。

（3）小结

股价弱势运行期间，该股脉冲量能推动的价格涨幅有限。更重要的是，脉冲量能推动价格走强，实际上是一种诱多拉升的动作。主力利用这个动作完成减仓目标，股价从高位下跌后，任何追涨的人都会面对亏损和被套局面。

第 3 节 控盘较好的缩量背离回升陷阱

主力投资者控盘个股后，即便股价以缩量形式上涨，短期的价格回升走势也不会轻易结束。这是因为主力已经掌握了大量筹码，只需动用少量资金拉升股价，就能够达到控盘目标。如果其他投资者打算在这时拉升股价，那么一定能够获得操盘效果。

主力掌握的筹码数量较多时，散户投资者的抛售对价格影响有限。主力投资者控制价格走势，短期不需要放量拉升，就可以达到目的。这时，缩量拉升股价依然是可以持续的行情，即便这是一种背离的量价关系。可见，主力控盘较好时，量价背离卖点其实是个陷阱，一旦卖掉股票，就会错失盈利机会。

（1）形态特征

①股价巨量盘升后缩量上涨：出现巨量时，主力投资者快速收集筹码。虽然出现巨量后成交量相对萎缩，但股价上涨趋势未变，这时已经出现缩量背离的陷阱。

②脉冲放量拉升后缩量上涨：接下来，股价继续出现脉冲放量拉升时，价格会出现类似的缩量上涨情况，同样形成量价背离陷阱。遇到这种情况，投资者可以持股，以便扩大收益。

③超短线脉冲量能缩量上涨：随着时间的推移，脉冲量能持续时间更短，股价短期上涨的持续时间也在缩短，这种典型的缩量上涨同样提供了盈利机会。

（2）操作要领

①从巨量盘升后股价缩量上涨来看：如图 7–3 所示，F 位置的量能很大，呈现出先放大后萎缩的形态，这是主力投资者快速介入的结果。虽然量能萎缩，但股价短时间内并未结束回升走势，这时该股涨幅已高达 100%。

②从脉冲放量拉升后缩量上涨来看：主力在 F 位置拉升股价后，该股冲高回落到 L 位置。F1 位置继续出现脉冲量能，股价表现强势。在 F1 位置量能收缩的情况下，该股实现了 50% 的涨幅。

③从超短线的脉冲量能缩量上涨来看：股价在 F1 位置结束放量后，价格回落至 L1 位置。该股在 F2 位置脉冲放量，价格以缩量形式飙升了 30% 以上。

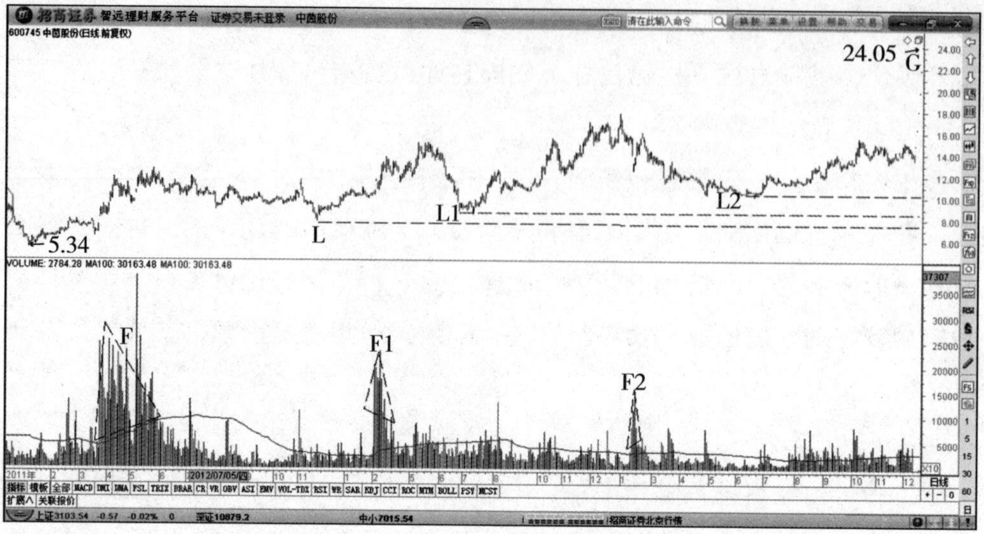

图 7-3　中茵股份（现名闻泰科技，600745）日 K 线图

④从每一次缩量来看，股价都实现了不同程度的涨幅。缩量结束后，股价分别回调至 L、L1 和 L2 位置的价格平台，股价呈现出大趋势向上的强势表现。可见，F 位置首次出现巨大成交量以来，该股的回升潜力得到释放。

（3）小结

当成交量爆炸性增长后，主力投资者在放量期间建仓规模庞大，今后很长时间里不会出现更高的成交量，股价却能在缩量状态下达到收盘价新高，这是值得关注的地方。

第 4 节　熊市 MACD 指标弱势背离买点陷阱

熊市行情中，股价的下跌空间和持续时间是投资者难以预计的。实战中，股价具有长期弱势下跌的情况，很难说价格回调充分以后就存在有效的建仓机会。如果在低价区买入股票，那么很可能会遭遇较大的损失。即便在 MACD 指标与股价底部背离的情况下，抄底买入股票的风险依然很大。

既然在低价区持股风险很高，就要关注背离以后出现的交易机会。首次背离提供的买点并不可靠。随着价格调整的延续，将出现更多的背离买点机会。投资者要适当关注背离次数对建仓风险的影响，这对获得收益非常重要。

（1）形态特征

①股价连续出现收盘价新低：股价出现收盘价新低后，价格下跌趋势短期不会停滞。随着跌幅不断扩大，熊市中股价下跌趋势不断得到延续。

②首次出现 MACD 指标背离买点：出现 MACD 指标背离买点后，股价收盘价出现新低价位。如果这时确认买点，并在背离的那一刻采取建仓策略，很容易在股价继续回落期间遭受损失。

③股价出现收盘价新低：熊市期间，股价的真实底部很难被投资者确认。随着股价下跌空间放大，将会出现更低的买点机会。从交易机会来看，第二次背离期间的买点价位更低。

（2）操作要领

①从股价连续出现收盘价新低来看：如图 7–4 所示，下跌趋势中，股价在 A、B、D 三个位置分别出现收盘价新低，但股价的下跌趋势并未因此结束。即便反弹次数增加，股价反弹空间增大，能够看到该股的下跌趋势依然得到延续。

②从首次出现 MACD 指标背离买点来看：股价在 G 位置跌破了 D 位置的收盘价底部，同期 MACD 指标的 DIFF 线则反弹至 S 位置的高位。S 位置明显高于 H 位置，这是形成背离的信号。

③从股价出现收盘价新低来看：该股进入熊市以来，收盘价新低被频繁刷新。股价在 D1 位置出现收盘价新低后，接下来 MACD 指标从 H 反弹至 H1 位置，MACD 指标与股价形成底背离买点，这时 D1 位置的买点更低。

④熊市中 MACD 指标的 DIFF 线在 H 位置深度回落，股价出现收盘价新低期间，DIFF 线从 S 回调到 H1 位置，DIFF 线并未出现新低，背离买点由此得到确认。

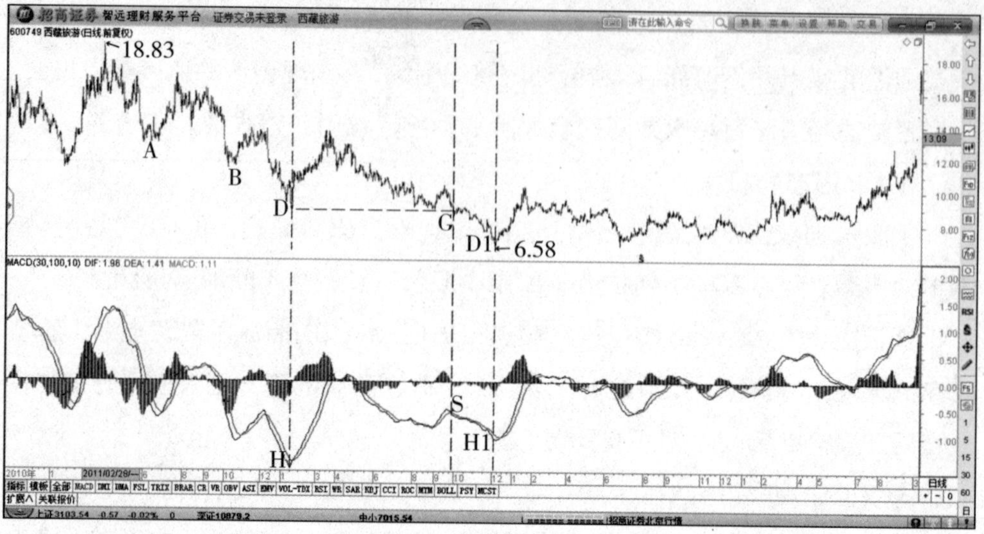

图 7-4　西藏旅游（现名 *ST 西发，000752）日 K 线图

（3）小结

在熊市期间，首次背离的买点可能是典型的诱多陷阱。看似低价的建仓机会，随着股价不断出现收盘价新低，会发现背离买点的建仓价位并不低。如果采取观望策略，或者分阶段建仓的手法买入股票，可以有效避免成本过度集中的套牢风险。

第 5 节　熊市 RSI 指标弱势背离买点陷阱

在熊市期间，背离提供的买点并非不可靠，只是随着熊市的延续，并非每一次背离买点介入都能获得高收益。特别是出现首次背离买点时，价格下跌趋势还没有结束，这时的背离买点只能成为获取短线收益的机会，并不是获得高收益的盈利机会。

随着股价下跌趋势延续，RSI 指标与股价的背离次数不断增加，交易价值也不断得到提升。

（1）形态特征

①周 K 线首次出现背离买点：周 K 线首次出现背离买点后，买入股票可以获得收益，但是盈利空间不大，这与股价反弹空间受限有关。

② RSI 指标与股价第二次出现背离买点：RSI 指标与股价第二次背离后，价格继续出现反弹走势。这时提供的背离买点相对较低，不过反弹结束后，价格依然有可能出现收盘价新低。

③第三次背离后，股价依然出现收盘价新低：周 K 线的第三次背离提供的买点更低，这时买入股票，持股风险非常小。即便这时收盘价继续出现新低，持股风险也是可以承受的。

（2）操作要领

①从周 K 线首次出现背离买点来看：如图 7–5 所示，股价进入下跌趋势后，比较有效的背离买点出现在 1 位置。这时，RSI 指标从 R 回升到 R1 位置，提示的买点信号得到确认。

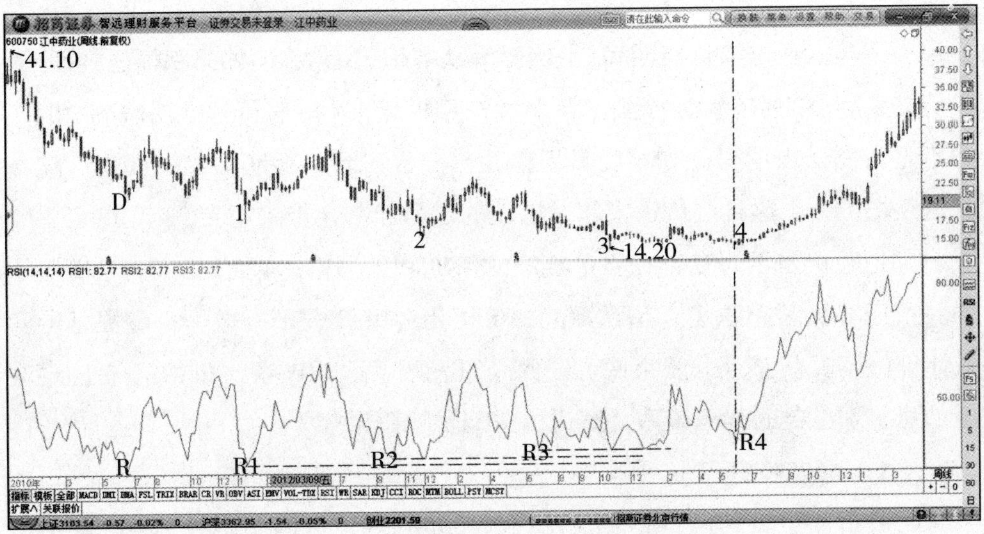

图 7–5　江中药业（600750）日 K 线图

②从 RSI 指标与股价出现二次背离买点来看：随着 RSI 指标反弹上涨，低价位的买点出现在 2 位置。该位置买入后持股成本更低，这有助于获得短

期收益。

③从三次背离后股价依然出现收盘价新低来看：图中股价收盘价在3位置继续出现新低，而RSI指标回升到R3位置，这是背离提供的第三次买点机会。

（3）小结

周K线RSI指标与股价三次背离期间，提示的买点都是短期盈利机会。随着股价下跌趋势的延续，很可能继续出现新低价位。确认熊市交易机会时，首次背离就大量买入股票的做法并不一定能获得成功。如果出现新低价位，就会遭受一定幅度的亏损。在更低价位的买点加仓，可以分摊持仓成本，对投资者来说，这种分批买入的策略通常能够获取更大的投资收益。

第6节　个股与指数底部背离陷阱

股价与指数走势背离期间，虽然股价跌幅超过指数，但如果跌幅已经很大，股价继续回落的空间就会受限。从背离交易机会来看，股价超跌跌破指数时，并不是背离买点信号。如果将其看作建仓交易机会，会明显遭遇损失。随着股价跌幅扩大，这种股价跌幅超过指数的走势通常会带来更大的亏损。

判断股价是否超跌，在股价连续回落期间，通常跌幅超过50%，即可认为股价已经显著超跌了。超跌期间，价格走势继续弱于指数，背离提示的卖点可能就不真实了。一般来说，任何一只股票下跌50%后，如果没有出现利空消息，那么此时卖出股票，掉进诱空陷阱的概率很大。

（1）形态特征

①股价高位反转回落：股价从高位反转回落，价格很快进入下跌趋势。价格高位反转后下跌速度很快，确认熊市行情的时间也很短。

②深度下跌后与指数背离：股价转势下跌初期，下跌速度很快，价格表现明显弱于指数。股价跌破指数后，价格与指数形成背离。如果认为这是背

离上涨的买点信号，那么买入股票后风险会很大。

③出现技术性反弹：在低价区，股价表现弱于指数。明显形成收盘价新低后，个股与指数的背离卖点并非有效卖点。超跌后，股价有望出现强势反弹走势。

（2）操作要领

①从股价高位反转回落来看：如图 7–6 所示，股价从 G 位置的双顶价位见顶回落，价格下跌趋势得到确认。股价单边下跌期间，该股在 T 位置的表现明显弱于指数，可见股价下跌趋势出现加速迹象。

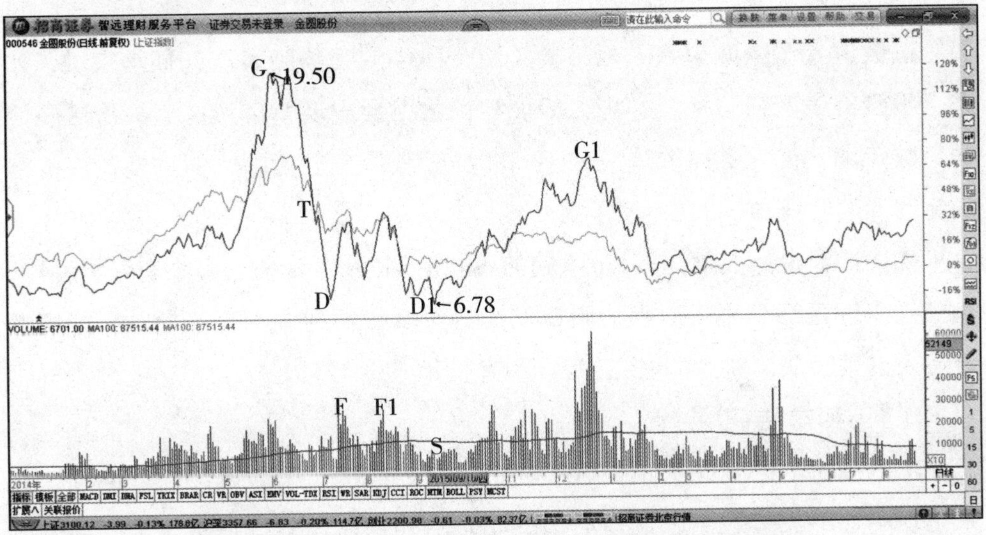

图 7–6　金圆股份（000546）和上证指数收盘线叠加图

②从深度下跌后与指数背离来看：图中显示的 D 和 D1 位置，该股收盘价都达到新低价位，股价表现明显弱于指数，表明该股走势与指数背离。背离期间，卖点机会没有得到确认。

③从出现技术性反弹来看：股价低于指数，卖点没有成为价格下跌的起点，股价从 D 和 D1 位置反弹上涨，该股出现了超跌反弹走势。

④在熊市阶段，股价表现明显弱于指数的情况下，价格已经经历了暴跌走势。这时，对投资者来讲，股价与指数背离的卖点信号是诱空陷阱。图中

F 和 F1 位置的量能显著放大，而 D1 位置对应的量能达到 S 位置的地量状态，提示股价短线下跌空间有限，对投资者来讲，继续做空具有较大风险。

（3）小结

股价跌幅超过 50%，低价区域股价继续弱于指数，虽然是一种背离，但股价继续下跌的空间有限，卖出股票将丧失价格反弹上涨的盈利机遇。

第 7 节　个股与指数顶背离陷阱

指数进入弱势调整状态后，要关注个股中的强势股表现。通常来说，如果个股股价表现强于指数，那么股价与指数就会出现背离形态。高价区股价与指数背离，视为买点的情况并不多。虽然股价表现抢眼，但需要关注价格高位的顶部信号。

如果指数走势很弱，并且下跌趋势不断得到确认，即便个股中有强势品种，也很难出现更好的表现。强势股票的走势可以在短时间内强于指数，如果追逐买入这类股票，就会掉进主力设置的诱多陷阱。

（1）形态特征

①指数出现回落走势：指数率先进入下跌趋势，指数震荡走弱期间，并未出现明显的反弹迹象，这是典型的回升趋势逆转信号。指数见顶回落，可以视为多数个股见顶的信号。

②股价显著走强，与指数背离：个股走势加强是指数下跌情况下个股出现的单边回升走势，这时股价走势与指数背离。一般认为，背离证明股价已经进入强势运行状态，可以把握好买点机会，建仓获利。

③两次触顶后股价同步下跌：随着股价反弹强度减弱，股价出现下跌的走势。价格从高位弱势回调后，股价与指数的背离买点已经消失。如果想要在下跌趋势中盈利，那么就需要考虑尽快减少持股数量。

(2)操作要领

①从指数出现回落走势来看：如图 7–7 所示，指数从 P 位置开始回调，这时弱势状态下的指数已经进入跌势之中。

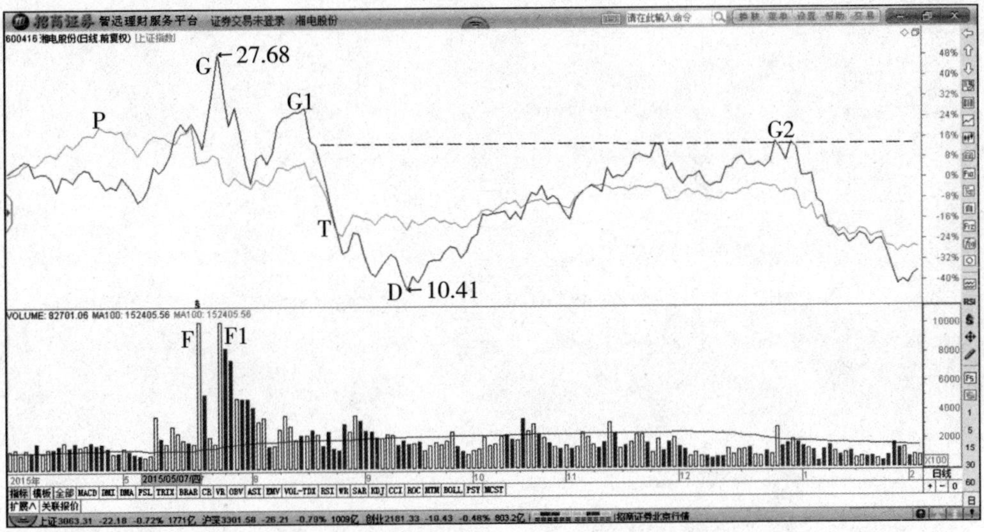

图 7–7　湘电股份(600416)和上证指数收盘线叠加图

②从股价显著走强，与指数背离来看：股价在指数回落期间开始强势上涨，图中 G 位置是股价强势上涨的价格高位。接下来，G1 位置继续出现反弹高点。可见，该股在高价区的表现明显与指数背离。

③从两次触顶后股价同步下跌来看：股价在图中 T 位置快速回落，价格明显弱于指数，提示该股开始加速下跌。回头来看，该股的强势并非背离买点，股价强势走势持续的时间很短。接下来，在指数持续回调的情况下，个股股价快速下跌。

④在指数已经连续回落的情况下，即便股价出现背离上涨的走势，对于背离买点也需要非常谨慎。该股不仅在图中 G 位置出现背离提示的诱多陷阱，而且在股价反弹到高位期间，股价在 G2 位置强于指数，走势背离同样没有提供可靠的买点。

（3）小结

指数进入显著下跌趋势后，个股表现出强势运行的背离形态，一般来说这种背离持续的时间较短，并非买入股票的盈利机会。